JE N'AI DROIT
À RIEN

Du même auteur

Le voyage intérieur (1979)
Les voies du possible (1981)
L'homme qui commence (1981)
Un torrent de silence (1985)
L'homme inchangé (1986)
La grande rencontre (1987)
La tendresse de Léonard (1988)
Servir la vie (1995)

Collection «Mes Réponses»

Pensées pour les jours ordinaires (1986)
Une voie qui coule comme l'eau (1986)
Messages pour le vrai monde (1987)
Paroles pour le cœur (1987)
Rentrer chez soi (1988)
Les chemins de l'amour (1989)
Le grand congé (1990)
Le karma de nos vies (1990)
Vivre imparfait (1993)
Sérénité (1996)

Collection Mortagne Poche

Le voyage intérieur (1992)
Une voie qui coule comme l'eau (1993)
Le karma de nos vies (1993)
Paroles pour le cœur (1993)
Une religion sans murs (1994)

JE N'AI DROIT À RIEN

Clameur des droits
Silence des devoirs

Placide Gaboury

Éditions de Mortagne

Données de catalogage avant publication (Canada)

Gaboury, Placide, 1928-

Je n'ai droit à rien : clameur des droits, silence des devoirs

Comprend des réf. bibliogr.

ISBN 2-89074-845-6

1. Morale sociale. 2. Conscience (Morale). 3. Droits de l'homme. 4. Droits de l'homme - Aspect religieux. I. Titre.

HM216.G32 1996 323'.01 C96-940197-3

Édition
Les Éditions de Mortagne
250, boul. Industriel, bureau 100
Boucherville (Québec)
J4B 2X4

Diffusion
Tél. : (514) 641-2387
Téléc. : (514) 655-6092

Dépôt légal
Bibliothèque nationale du Canada
Bibliothèque nationale du Québec
Bibliothèque Nationale de France

1er trimestre 1996

ISBN : 2-89074-845-6

1 2 3 4 5 - 96 - 00 99 98 97 96

Imprimé au Canada

à Éric Baret
dont l'amitié a inspiré ce livre

REMERCIEMENTS

Je remercie Jacques Languirand
qui m'a fourni une très substantielle bibliographie,
ainsi que Richard Verreault
qui a eu l'amabilité de lire
et de critiquer le manuscrit.

TABLE DES MATIÈRES

AVANT-PROPOS

Cet essai est un cri d'alarme. L'auteur est ici vivement concerné par la situation du monde actuel, surtout occidental : violence, conflits, sectes, racisme, viols, suicides, magouilles et collusions, escalade des désirs et de la consommation, mythes du progrès indéfini et de la production croissante. Il est préoccupé par la mentalité des pays dits «développés», par l'égocentrisme, le refus de toute frustration, de tout ce qui menace le plaisir et la sécurité. Il s'attarde en particulier sur l'escalade effrénée des droits et l'absence de plus en plus prononcée du sens des autres, des responsabilités, du souci de l'environnement et de ce qui touche l'ensemble des humains, surtout les pauvres et les démunis. Après avoir considéré tous ces fléaux et cette déliquescence générale, il en arrive à conclure qu'il n'y a pas de solution aux problèmes actuels, puisque personne ne veut sérieusement y mettre fin, mais tout d'abord parce que toute solution fait partie du problème. Et le problème essentiel, fondamental, le seul qu'il détecte et qui importe selon lui, c'est le cancer du moi qui ronge le monde, c'est l'illusion que l'individu, que le moi existe. À partir de cette constatation radicale, il interroge la tradition contemplative et lui laisse la parole.

NOTE PRÉLIMINAIRE

Dans cet essai, je propose au lecteur deux regards : tout d'abord, celui de la conscience ordinaire qui, même en utilisant toutes les ressources de la pensée, demeure limitée; ensuite, celui de la Conscience originelle libérée de la pensée. Dans la première partie, j'expose les mythes, croyances et impasses qui sont propres à la conscience commune et qui créent, entretiennent et masquent les conflits, les misères et les souffrances de la société moderne. Ces mythes, croyances et impasses sont les suivants :

- les désirs futiles pris pour des besoins nécessaires;
- la production et la consommation illimitées et destructrices;
- la liberté prise pour de la licence;
- le fantasme de l'égalité démocratique et de la fraternité universelle;
- l'individualisme narcissique qui refuse la générosité et l'ouverture à la vie;
- l'impasse de la morale et de la religion;
- les constantes de la vie bafouées et le sentiment général de vacuité qui en résulte;
- la croyance que responsabilité et appartenance sont périmées;

- la croyance que les droits tous azimuts seuls libèrent l'humain et le rendent heureux;
- et, surtout, que le moi qui existe réellement triomphera, par ses efforts et son génie, de la souffrance, des conflits et des limites humaines.

Ces problèmes créés par la croyance incontournable que le moi existe et que chacun est une entité individuelle séparée de tous les autres maintiennent l'être humain dans une guerre intérieure, dans une déchirure profonde qu'il ne parvient pas à apaiser ou à guérir. Chacun se croyant le centre du monde et cherchant par tous les moyens à consolider, à armer, à défendre son château fort, il n'est pas possible de créer entre humains la paix, la compassion ou la plus simple fraternité. De plus, les moyens technologiques créés par la science multiplient à un rythme effarant les instruments d'évasion, de narcissisme, d'irresponsabilité et de dépendance. De sorte qu'il n'est guère possible d'arrêter l'escalade de la violence qui entraîne dans son mouvement la perte des valeurs morales, de la discipline, de l'ouverture à la vie, de l'écoute des autres.

Dans la deuxième partie, je propose de voir le monde avec un autre regard, celui de la Conscience-sans-moi. Je pressens que cette Conscience éternelle est la seule réalité, qu'elle est le fondement de notre être – notre véritable nature – et qu'elle peut transformer de fond en comble l'être humain qui s'y expose, libérant celui-ci de sa peur et de ses désirs illusoires. Cette Conscience n'est pas évolutive, puisqu'elle n'appartient pas au temps et qu'elle annonce, à travers les figures de proue de la tradition contemplative, ce que peut être la vraie splendeur de l'humain, une fois qu'il a accepté de n'être rien et de n'avoir droit à rien.

holon

INTRODUCTION
INDIVIDU/SOCIÉTÉ : UN TOUT

Comme le holon est un symbole qui illustre clairement le paradoxe de ce qui est à la fois ouvert et fermé, je vais l'utiliser pour mieux comprendre les relations entre individu et société, c'est-à-dire entre DROITS et DEVOIRS. Le mot holon (du grec *HOLOS :* tout) est composé d'un substantif dont on a pris la première moitié (hol) et d'un suffixe on (partie) (comme dans les composés prot*on* et neutr*on*). Il est donc un **tout** dans un contexte et simultanément une **partie** dans un autre.

L'idée du holon remonte à la «monade» de Liebnitz (entité particulière indivisible en même temps qu'ouverte sur les autres et dont chaque être est constitué). Elle devint célèbre à notre époque à travers les travaux d'Arthur Koestler. Ken Wilber a repris cette idée dont il a fait, en quelque sorte, la clé et l'axe de son ouvrage monumental : *Sex, Ecology and Spirituality* (Shambhala, 1995). J'emprunte, en le résumant, le meilleur de son exposé sur ce sujet.

Un holon est ouvert sur plus grand (sur un tout dont il est une partie) en même temps qu'il englobe un niveau inférieur, une partie (qui en soi forme un tout). Chaque entité est donc un tout homogène (intégré) et autonome, en même temps qu'une partie par rapport à un ensemble qui l'englobe. Ainsi, la molécule d'eau est un tout homogène qui contient des parties hétérogènes – deux atomes d'hydrogène et un d'oxygène – les trois fondus, complètement disparus (en tant que touts autonomes, mais pas en tant que parties), dans cette nouvelle unité qui s'appelle l'eau. Mais inversement, un organe est une partie d'un corps, à l'égal d'autres organes qui le composent et le tout que forment ces organes (le corps) s'intègre à son tour avec d'autres corps pour former un ensemble de plus en plus vaste : la nature, l'environnement, le globe terrestre ou, sur un autre plan, la famille, la société, le pays. Ainsi, les holons s'enchaînent dans les deux directions, vers le haut et vers le bas.

En tant que partie, le holon s'intègre donc dans un ensemble plus compréhensif et s'adapte alors aux autres composantes du tout; mais en tant que tout, le holon demeure complet en lui-même. Un tout peut englober des parties, mais une partie ne peut bien sûr englober le tout dont elle dépend. Ainsi, selon Wilber, la réalité ne serait pas composée de choses, d'atomes ou de quarks, de touts et de parties, elle serait composée de **touts/parties,** c'est-à-dire de holons. Plus un holon conserve son individualité (son aspect de tout), moins il devient une partie; et moins il est autonome (une partie par rapport à une forme plus englobante), plus il appartient à un tout et, par conséquent, moins il maintient son propre tout. Ce pourrait être le cas d'un individu qui serait soit très retranché dans son individualité par rapport à la société, soit complètement soumis à celle-ci.

Chaque holon est donc à la fois **total et partiel :** chaque molécule est un tout homogène, mais en même temps une partie de cellule qui, à son tour, est totale et partielle : homogène en elle-même et intégrée dans un organe. Ainsi les liens s'établissent en montant (chaque partie inscrite dans un tout) et en descendant (chaque partie en tant que tout contenant des parties). Cette montée vers des holons plus englobants et compréhensifs – comme des poupées russes – répond au mouvement inverse vers des touts englobant d'autres touts de plus en plus sommaires et dépendants par leur aspect «partiel».

Chaque holon est également **autonome et relié :** il est intégré par sa propre économie, sa propre loi interne (sens du mot «autonomie»), mais également ouvert à quelque chose de plus compréhensif et complexe qui complète et enrichit son sens et sa valeur en lui conférant un rôle dans un ensemble qui le dépasse.

Les holons «juniors» comme les appelle Wilber – par exemple, les deux atomes d'hydrogène par rapport à la molécule d'eau qui est ici «senior» – changent de SENS lorsqu'ils sont intégrés avec l'atome d'oxygène pour former ce tout entièrement nouveau qu'est la molécule d'eau. Leurs rôles ont changé par rapport à ce qu'ils étaient lorsque chaque holon junior (oxygène, hydrogène) existait séparément, pouvant du reste se lier à d'autres éléments dans d'autres combinaisons pour jouer des rôles différents dans des ensembles nouveaux (par exemple dans l'alcool où l'on trouve l'hydrogène et l'oxygène dans une disposition toute autre, et donc dans un autre rôle : $C_2 H_5 OH$). C'est-à-dire que les holons peuvent s'étendre «latéralement» aussi bien vers le haut que vers le bas. Ainsi, dans la nature entière, tout est irrémédiablement et infailliblement **relié.**

Un exemple, tiré d'un tout autre contexte, fait clairement comprendre les liens entre les holons juniors et seniors. Par rapport au langage (holon senior), la parole est un holon junior. En effet, toute parole existe sur un fond de langage. Ainsi le mot «avocat», qui est une parole, change de sens selon le contexte auquel il renvoie et dans lequel il s'insère. On peut avoir un «avocat en cour» ou un «avocat en salade». La parole reçoit son existence et son sens du langage qui la précède et la contient. (Cela ressemble un peu aux parents qui précèdent et contiennent l'enfant.) La parole appartient à l'individu, alors que le langage est un bien commun, un lien commun. Mais les deux sont nécessaires pour qu'il y ait communication culturelle, intellectuelle, commerciale et sociale.

Dans le holon, il y a un **englobant** (le senior) et un **englobé** (le junior). Tout holon junior est dans le holon senior, mais tout le senior n'est évidemment pas dans le junior.

C'est précisément ici que l'on voit que le holon, qui fonctionne à tous les niveaux organiques, ne fonctionne plus tout à fait lorsqu'on considère la société comme tout et l'individu comme partie de ce tout. Toutefois, selon Wilber, les individus et la société forment deux aspects de la même chose. Chaque individu est un tout (dimension personnelle) ainsi qu'une partie (dimension sociale). Mais cela s'appliquerait-il inversement pour la société, c'est-à-dire la société serait-elle, en plus d'être un tout, une partie dont l'individu serait le tout?

«Si le "tout" (la société) est primordiale et nous en formons les parties, écrit Wilber, alors il est clair que nous existons en fonction de la société et il devient également clair qu'un régime totalitaire serait alors le meilleur modèle... (p. 80) Mais, poursuit-il, la plupart d'entre nous n'acceptent pas de voir le holon de l'État ou de la société comme un superorganisme, puisque tous les organismes ont priorité sur leurs composantes. Et justement, avec la montée de la démocratie, nous aimons croire que la société ou l'État est au service des individus qui forment le peuple et, si cela est la situation à privilégier, alors le système social n'est pas un véritable organisme; il peut être un holon environnemental, mais pas individuel. L'État, contrairement à un individu concret, ne contient pas de centre d'autopréhension, pas de sentiment d'unité. Il n'a pas... de moi, de sujet. Enfin, les parties du système social sont conscientes, alors que le tout ne l'est pas.»

Pour y voir plus clair, prenons la société au niveau minimal. Les parents sont là avant l'enfant et, si tous trois forment la société, il y a ici un englobant et un englobé. À ce niveau, la société (dont la cellule est le couple, formant avec son prolongement la famille) précède l'individu, c'est-à-dire l'enfant. Notons justement qu'il s'agit d'un enfant, non d'un individu formé : la société minimale – les parents – domine l'enfant et gère sa vie. Il y a ici une nette hiérarchie qui disparaîtra lorsque l'enfant deviendra adulte, peut-être même avant. Aussi longtemps que l'enfant n'est pas adulte, il n'est pas à part entière un individu puisqu'il est rattaché aux parents, surtout à la mère dont il est au début le prolongement, pour devenir plus tard complètement autonome, encore **relié,** mais non plus **lié** comme au début.

Sur le plan **biologique** donc, les parents formant le tout précèdent et contiennent l'enfant qui forme la partie. (Ce ne pourrait être l'inverse, bien sûr!)

Sur le plan **ontologique** toutefois – le plan de l'être considéré en soi –, l'individu, en tant qu'être, existe indépendamment de la société qui le précède et l'entoure. On pourrait même dire que la société ici n'existe que pour produire un individu (enfant) qui deviendra à son tour autonome et libre de cette société. Le tout englobant (société) existerait ici en fonction de l'englobé, la partie. Il est certain que l'individu, une fois formé, constitue un univers complet, un ordre homogène, une totalité existant en soi.

Cependant, au plan **organique** – ou si l'on veut, écologique, l'environnement n'étant que le prolongement inséparable du corps humain –, aucun individu n'est coupé de l'ensemble. C'est l'ensemble qui le produit, l'accueille, le nourrit, le maintient et lui fournit la capacité de s'épanouir, s'il le veut. Organiquement donc, l'environnement ou la société vient en premier.

L'individu naît de la société et, en elle, les deux sont inséparablement reliés comme fond et objet, langue et parole, holon senior et holon junior, œuf et poule (qui se contiennent mutuellement). Sans doute, comme nous le verrons, individu et société ne sont pas plus séparables que droits et devoirs qui sont deux côtés d'une même médaille.

La société : pas un organisme mais un concept

Mais revenons un instant sur l'idée que la société n'est pas un vrai holon senior, un holon comprenant tous les aspects d'un holon organique comme le serait par exemple une molécule d'eau ou un organe. En effet, loin de former un **tout organique** (comme un corps physique), la société est un concept qui représente à l'esprit une agglomération, une constellation d'individus. Elle n'existe pas en tant que «fait». Comme le disait le Professur Jon Elster, économiste de Mme Thatcher : «Il n'y a pas de sociétés, seulement des individus qui interagissent entre eux.» Ce qui existe, ce sont tout d'abord deux parents, deux individus, qui constituent le fait, la réalité. L'individu **particulier** est la seule réalité derrière la **généralité** abstraite qu'est la société.

Les entités qui composent un groupe, une société, une nation ou un État, ne peuvent donc considérer ce genre d'agglomération comme un tout organique, comme le serait un vrai holon. Il ne s'y trouve pas le même rapport qu'entre des organes et un organisme, où les organes tout en étant autonomes (des touts) deviennent simplement l'organisme lorsqu'ils sont intégrés à celui-ci. **C'est ce que la société ne peut jamais réaliser.** Elle tente d'«imiter» un organisme, mais jamais elle ne s'en approche réellement, demeurant toujours au niveau de l'assemblage de morceaux, du collage. Car ces morceaux (individus) ne peuvent ici se perdre pour former une nouvelle unité comme le font les atomes composant la molécule d'eau. En effet, dans la société, les individus demeurent toujours. Car c'est eux, la société![1]

Dans un tout, comme le corps ou la nature physique, il n'y a pas vraiment de parties. Le tout absorbe les parties et les transcende. (Les atomes composants **n'existent plus séparément.**) Ce qui est inadmissible dans une société. Aussi, les individus se trouvent-ils dans une situation ambiguë vis-à-vis de la société. L'individu

---

1. Le philosophe Alain voit la société et l'individu comme complètement opposés, avec le vilain rôle joué par la société : «... La société est toujours puissante et toujours aveugle. Elle produit toujours la guerre, l'esclavage, la superstition par son mécanisme propre. Et c'est toujours dans l'individu que l'Humanité se retrouve, toujours dans la Société que la barbarie se retrouve.» (*Propos sur les pouvoirs,* Gallimard, 1985, p. 330) Mais cette opposition me semble plus un jeu d'esprit qu'autre chose, car ce sont toujours les individus, des individus, qui sont **à la fois** barbares et humains, et la Société, qui n'est qu'une abstraction, n'a de substance que par celle des individus qui la composent.

forme un tout en lui-même, mais les individus une fois rassemblés ne forment plus un tout homogène!

On retombe inévitablement sur le dilemme suivant : comment être à la fois ma propre totalité et en même temps faire partie de quelque chose de plus grand, sans sacrifier l'un ou l'autre de ces deux pôles? Ou comment être tout simplement un individu, si c'est cela que l'on veut?

La dichotomie insoluble

Le danger des sociétés, rappelle Wilber, a toujours été de vouloir en faire des holons réellement autonomes, organiques («L'État, c'est moi»), en traitant les citoyens comme de simples composantes et ne les considérant pas comme des touts autonomes et homogènes. Aussi, poursuit-il, l'histoire a-t-elle rejeté les deux pôles extrêmes – l'*anarchie* (seulement des holons individuels) ou le *totalitarisme* (seulement un holon social) – comme des solutions impossibles au paradoxe individu/société.

La dichotomie de ce holon est donc à la fois **incontournable** et **insoluble.** Il y a toujours tension entre deux pôles, ou entre deux tendances, qui sont ni complètement dissociés ni totalement harmonisés. La tentative d'une solution juste et durable ressemble à la gageure de se tenir debout sur un billot en dévalant un torrent.

Mais il ne faudrait pas croire que le lien avec l'environnement (l'ensemble des organismes) soit simplement une **idée.** C'est un FAIT physique : l'oxygène, l'eau, la nourriture, la chaleur, le froid, les plantes médicinales, l'échange de services, les nécessités qu'on ne peut se procurer seul, tout cela montre à l'évidence que le corps, en plus d'être une unité en soi, fait essentiellement partie d'un ensemble. À ce niveau biologique, le holon individu/société est indissociable. «Dans une société en santé, les domaines privé et public ne sont pas mutuellement exclusifs, en compétition l'un avec l'autre, mais ce sont deux moitiés d'un tout, deux pôles d'un paradoxe. Ils œuvrent ensemble dialectiquement, aidant à se créer mutuellement et à se nourrir l'un l'autre.» (Parker Palmer) C'est pourquoi, selon Robert N. Bellah, cité plus haut, «nous affirmons fortement l'importance de l'autonomie et, en même temps, nous ressentons le vide d'une vie sans engagement social».

Il faut toutefois noter que, si les individus dépendent biologiquement de l'environnement, il n'en est pas ainsi entre les individus eux-mêmes. En effet, les individus sont **interreliés,** mais sont-ils pour autant **interdépendants,** c'est-à-dire dépendants comme l'est un enfant vis-à-vis de sa mère ou l'organisme humain par rapport à l'environnement qui est son prolongement? Les êtres du monde physique (des protozoaires jusqu'aux mammifères) sont interdépendants parce que leurs liens sont tout d'abord biologiques. Mais les adultes humains entre eux ne sont pas interdépendants, ils sont interreliés, la dépendance appartenant à une phase infantile, animale de leur développement. (Toutefois, les vieillards retombent souvent dans la dépendance biologique lorsqu'ils ne peuvent plus s'occuper de leur corps de façon autonome. Ils sont alors au même niveau que l'enfant : **liés** aux personnes qui s'occupent d'eux.)

Reliés, non inter-liés

Les humains sont appelés à être **RELIÉS** (par des complémentarités d'autonomie), mais non **LIÉS** (par une dépendance affective). S'ils sont liés, c'est par un lien psychologique (mental et affectif) qui n'est pas fondé sur des faits physiques, mais sur des interprétations, des réactions, des concepts et des croyances. Et ce sont ces liaisons et liens psychologiques et sentimentaux qui occasionnent les pires souffrances.

En somme, il faut savoir reconnaître les **liens solidaires** qui unissent des êtres qui savent se tenir **seuls.** («Soyez une île pour vous-même», disait le Bouddha.) Toute la question est de savoir où doivent se maintenir les liens et où ils doivent être dénoués. En effet, rappelle Robert N. Bellah, «nous ne sommes pas simplement une fin en soi, ni en tant qu'individus ni même en tant que société.

Nous faisons partie d'un tout plus vaste que l'on ne peut ni oublier ni imaginer simplement comme notre miroir, sans payer un prix élevé. Nous dépendons de mille façons d'un contexte social, culturel et institutionnel qui nous maintient à flot, même alors que nous ne pouvons adéquatement le décrire. Il y a beaucoup de choses dans notre vie que nous ne contrôlons pas et dont nous ne sommes même pas «responsables», que nous recevons comme une grâce ou que nous rencontrons comme une tragédie, des choses auxquelles les Américains préfèrent habituellement ne pas penser», mais qui existent d'autant plus qu'on cherche à les oublier ou à les fuir.

Des liens mystérieux

Les liens qui rattachent l'individu à la société sont, en effet, fort mystérieux. Comme la capacité de procréer est théoriquement inhérente à chaque individu, celui-ci contient, par l'union sexuelle, une société en puissance : la famille. Le couple, cellule fondamentale de la société, contient l'individu qui en sort, mais ce sont deux **individus** qui créent la condition pour qu'il y ait engendrement. Ainsi, dès qu'il y a couple, il y a fusion, union de deux individus, donc addition possible, semence de société.

Du reste, il y a au fond de l'organisme individuel, une tendance irrépressible à chercher un complément sexuel en vue d'engendrer et de se multiplier. Chaque individu est ainsi potentiellement plusieurs et ne croit pouvoir trouver son unité que par l'union avec son complément. L'individu qui vient du couple y retourne. Il est invinciblement social dans sa capacité génératrice et son ouverture, en même temps qu'irréductiblement individuel dans son unicité et son autonomie. Il est autant attiré à se répandre, à se rendre disponible, à se multiplier qu'à maintenir ses acquis, à se forger une identité, une autosuffisance, une sécurité.

Enfin, chaque humain contient, de par son appartenance au grand organisme qui l'environne et le sous-tend, la mémoire entière du Monde, depuis la pierre jusqu'à l'étoile, du protozoaire à la raison. Aussi, l'individu est-il inséparable de la totalité même s'il cherche de toutes ses forces, surtout au début de sa vie, à s'en séparer, à s'y opposer et à se mesurer aux plus puissants adversaires afin d'imprimer sa marque, son nom, sa valeur, son moi. **C'est toujours à l'ensemble qu'il veut dire qu'il est lui et c'est de l'ensemble qu'il veut entendre cette clameur de reconnaissance : «Oui, tu existes.»**

Rappelons en effet ce que disait plus haut Ken Wilber : «Plus le holon est partiel – sans autonomie – moins il forme son propre tout» et donc plus il sera absorbé par le holon senior. C'est pourquoi, pour que l'individu soit plus conscient de sa dimension sociale, pour qu'il apprenne à vivre ouvert à l'ensemble, il doit au préalable être complètement constitué comme individu intégré. Ainsi que le dit Bellah cité plus haut : «Pour servir la société, on doit pouvoir se tenir seul, sans s'appuyer sur les autres, ne dépendant pas de leur jugement et n'étant pas soumis à leurs désirs.»

Curieusement, il y a une semblable prédisposition à celle que l'on trouve dans le domaine spirituel. Entrer sur la Voie de transformation n'est possible que si le sujet intègre sa personnalité, règle ses problèmes sexuels et émotifs, que s'il est capable de gagner sa vie et d'être **responsable.** Capable en somme de répondre à un appel, de répondre de lui-même et par lui-même, d'être ouvert à ce qui appelle, à ce qui est sa propre totalité en deçà et au-delà de son moi.

* * *

Être autonome et intégré est une étape indispensable pour comprendre sa place, son rôle et le sens véritable de sa vie. Et c'est peut-être ici que la société moderne, dans sa dimension démocratique aussi bien que totalitaire, accuse sa plus grande faiblesse. Si l'on ne forme pas des êtres autonomes – pas d'une autonomie simpliste basée sur un refus des adultes, du passé, de la science, de la souffrance et de la difficulté de vivre, ce qui est simplement de l'anarchie et de l'anomie adolescentes – mais **des individus autonomes vis-à-vis de leurs licences, de leurs caprices, de leurs exigences infantiles, de leurs illusions sur eux-mêmes,** il ne peut y avoir de solution au dilemme individu/société, ni du même coup aux problèmes que le Monde vit présentement. Il faudra que l'individu aille au bout de lui-même, de son individualité, au lieu de rester sur le seuil, évitant de s'engager, de sauter dans le vide, de se perdre pour renaître. L'individu n'est justement pas assez individuel, c'est-à-dire autonome, de cette vraie autonomie qu'est la liberté vis-à-vis de ses peurs et de ses désirs.

PREMIÈRE PARTIE :
«LE MOI EST LA SEULE RÉALITÉ[1]»

MYTHES, CROYANCES et IMPASSES ACTUELLES

1. «Pour la psychologie, écrit Robert Coles, le moi est la seule ou principale forme de réalité.» (in *New Realities,* Summer 1985, «Habits of the Heart», Robert N. Bellah, Richard Madsen, William Sullivan)

1

BESOINS, DÉSIRS ET INSTINCTS

Les rapports entre individu et société sont le miroir des rapports entre droits et devoirs; ce sont des holons parallèles. Mais avant de parler de droits et de devoirs, il est nécessaire de s'entendre sur le vocabulaire choisi. Je m'attarderai donc sur des mots tels que «besoin, désir, instinct» pour les distinguer du mot «droit» avec lequel ils sont souvent confondus.

BESOINS

Le Larousse définit le besoin comme suit : premièrement, «un état d'insatisfaction dû à un sentiment de manque» et, deuxièmement, «ce qui est nécessaire ou indispensable». Il y a donc un aspect subjectif («je ressens un manque») et, un autre, objectif («il manque du nécessaire»). On peut donc séparer les vrais besoins des faux : les nécessités **biologiques,** des caprices et désirs superflus (les «nécessités» **psychologiques**).

Besoins biologiques

Les besoins biologiques correspondent aux *basic needs* (besoins de base) du psychologue américain Abraham Maslow. Selon lui, ces besoins sont les suivants : la vie, la sécurité, un sens d'appartenance, l'affection, le respect et le prestige; auxquels on pourrait ajouter le besoin d'un gagne-pain. Maslow dit que l'individu a autant besoin de ces nécessités de base que son corps requiert des protéines, des acides aminés, du calcium et de la vitamine C pour demeurer un corps et ne pas «virer en cadavre».

Mais je crois qu'il faut distinguer entre besoins biologiques et conditions essentielles de l'être vivant. Par exemple, la vie n'est pas un besoin (ce qui est «nécessaire et indispensable» à un individu), c'est une condition préalable d'où part l'existence même de l'individu; il n'y a pas de vivant autrement.

En effet, la respiration, l'absorption de nourriture et d'eau, la digestion, l'élimination et le sommeil sont des activités programmées par le corps – par la Vie – et qui sont nécessaires tout d'abord à l'existence du corps et ensuite à son équilibre (ainsi qu'à celui de tout l'être). Mais en réalité, ces activités sont tellement inhérentes à l'organisme qu'elles sont incluses dans la définition même d'un corps qui, pour n'être pas un cadavre, doit **respirer, absorber de la nourriture, boire, digérer, éliminer et dormir.** Ce sont des extensions naturelles, organiques, environnementales. Elles ne sont pas adventices, arbitraires ou secondaires : ce sont des conditions *sine qua non*. On pourrait donc inclure la nourriture dans la définition d'un organisme, puisqu'il se nourrit déjà d'oxygène dès qu'il est vivant, inséparable qu'il est de son environnement nourricier, c'est-à-dire tout d'abord le sein maternel et ensuite le monde extérieur. L'organisme est, en fait, le produit même de la nourriture que le corps de la mère a absorbée pendant les neuf mois de gestation. Le corps et l'environnement forment un holon inséparable. «Tous les corps ne sont que nourriture», dit la Sagesse de l'Inde.

Ici, les fonctions biologiques sont si fondamentales et spontanées qu'il est indifférent et carrément redondant (donc inutile) de parler de besoin, d'instinct ou de droit, tellement il est question de FAITS primordiaux chez un vivant. (Il pourrait être question de «droits» uniquement lorsque, en situation d'une extrême cruauté (camp de concentration, torture), on empêcherait le sommeil (par des bruits et des lumières) ou la respiration (par immersion, etc. Ce serait alors des «droits» violés tout comme celui de la liberté physique du sujet dont le prive l'incarcération).

Ces données immédiates – vie, oxygène, nourriture, etc. – **deviennent des droits EXPLICITES justement parce que le rapport IMPLICITE entre individu et cadre vital n'est pas reconnu ou respecté.**

Est-il nécessaire de répéter que l'activité, le besoin de bouger et d'agir, sont à voir également comme des données inséparables de l'organisme, puisque le corps est actif du seul fait qu'il est en vie? Ses organes fonctionnent, le cœur bat, le sang circule, la digestion se poursuit, la mitose des cellules se produit constamment et l'activité externe des muscles et des membres suit naturellement cette activité interne, de sorte que c'est tout l'organisme qui est en mouvement par le fait même qu'il est vivant.

Besoins psychologiques

J'ai dit plus haut que l'enfant a besoin d'affection, qu'il a besoin de se sentir aimé, approuvé, entouré. Mais déjà à l'adolescence, l'individu commence à découvrir sa dimension sociale et se sent attiré vers les autres, prêt à entrer en relation d'accueil ou de refus. À mesure que ces expériences s'accumulent, l'adolescent qui a désormais besoin d'être confronté et provoqué autant que compris et appuyé se prépare à rencontrer ses responsabilités et à goûter aux deux pôles de la vie, son aspect attirant, désirable, stimulant, ainsi que son aspect conflictuel, décevant, voire hostile. L'adolescent apprend à se fier davantage à lui-même, à être son propre référent, à devenir plus autonome, peut-être même plus intériorisé. Il quitte petit à petit la naïveté enfantine pour percer les apparences des choses et des faits. S'il a poursuivi son trajet fidèlement, il sentira moins le besoin d'être aimé, admiré et entouré, que celui de rencontrer un défi, des partenaires compétitifs et même une compagne ou un compagnon de vie plus complémentaire que similaire. La diversité l'intéresse maintenant davantage : il se distingue, il s'affirme, il a cessé de se conformer. Cela ne veut pas dire qu'il ne désire pas être approuvé ou admiré, mais c'est dans son affirmation, son unicité, sa couleur propre, sa griffe, que l'adolescent ou l'adolescente de naguère trouve sa joie et son accomplissement.

Les «besoins» des adultes?

Les conjoints, s'ils ont traversé chacun les étapes menant vers leur autonomie, ne **dépendent** pas de leur complément. L'étape infantile d'avoir «besoin» d'être materné et sécurisé serait normalement passée. On est sorti du besoin d'un parent, pour entrer dans une relation d'égal à égal; ce qui, bien sûr, est une vue fort idéale, j'en conviens. Mais c'est tout de même vers cela que l'enfant, que l'adolescent avancent, et c'est cela l'état adulte d'un humain. Le besoin d'être aimé passe à l'actif : à la capacité d'aimer, à l'ouverture à l'autre sans toujours attendre un retour, s'attendant même à ce qu'il y ait parfois conflit et refus de la part de l'autre. En pratique, les problèmes de vie commune sont multipliés énormément par le fait que les deux conjoints ne sont pas au même niveau de croissance. C'est-à-dire que l'un des deux peut (ou veut) ressentir encore le «besoin» d'être aimé, materné, alors que l'autre, moins. On recrée ainsi une relation parentale qui, si elle n'est pas reconnue, ne sera pas dépassée.

Une personne ne peut devenir un parent que si elle a franchi l'étape du «besoin d'être aimé». Un parent, c'est déjà différent d'un conjoint, car les parents se définissent d'abord non plus l'un par rapport à l'autre, mais en tant qu'un couple tourné vers leur progéniture. À ce niveau et dans ce sens, Saint-Exupéry avait raison d'écrire qu'«aimer, ce n'est pas se regarder l'un l'autre, mais regarder ensemble dans la même direction». Le besoin d'être materné, entouré, consolé est passé du côté de l'enfant et le rôle des parents, c'est de passer du passif à l'actif, c'est-à-dire materner, entourer, consoler et discipliner l'enfant : du manque à la générosité.

La dépendance affective

Aussi, les adolescentes monoparentales peuvent-elles difficilement posséder la maturité requise pour aider un enfant à quitter le stade de la dépendance affective, c'est-à-dire à croître, surtout si l'enfant est mâle. Un adolescent ou une adolescente, par définition, n'est pas encore vraiment capable de dépasser son besoin d'être aimé, approuvé et entouré. On ne change pas les lois de la vie. (Adolescent veut dire adulte en devenir.) Or, ici, on demande à la mère adolescente d'être à la fois une adolescente et un parent[1]. C'est naviguer dans deux directions opposées : vouloir être celle qui a encore besoin d'être maternée et être en charge d'un enfant qui ne demande que cela. Il y aura de grands drames inutiles dans la vie des deux individus.

De son côté, le mot parent veut dire «engendreur» (*parens,* de *parere,* en latin), en même temps que «responsable de ce qu'il a engendré». Il est donc naturel que pendant toute la période où se crée une famille, les parents s'occupent avant tout de celle-ci, c'est-à-dire qu'ils la protègent, la nourrissent et préparent les enfants à devenir autonomes, libres et capables d'affronter les difficultés de la vie. C'est une occupation absorbante qui demande un long accompagnement, et donc une attention soutenue. On voit difficilement comment des parents pourraient élever des enfants en les confiant à des garderies, c'est-à-dire à d'autres approches pédagogiques, à d'autres façons de concevoir la vie. Cette mode peut sembler très ouverte et évoluée, mais c'est simplement ne pas voir que la sécurité dont l'enfant a le plus besoin, c'est (du début à la pré-adolescence) une CONTINUITÉ dans les rapports et les conceptions, une continuité de PRÉSENCE PARENTALE. Autrement, l'enfant évolue dans des cédules et des programmes constamment hachés, reçoit toutes sortes de signaux et de codes qu'il n'est pas habilité à défricher et

1. C'est l'adolescente qui a charge de l'enfant dans un foyer monoparental, le père est généralement absent ou inconnu. En effet, on ne parle guère d'un père monoparental.

à intégrer : une telle lui dit une chose, une autre dit autrement et la mère ou le père pensent à leur façon.

Éduquer : faire sortir de la dépendance

La première éducation dans l'entourage des parents est semblable à l'éducation des premières années scolaires (et jusqu'à l'adolescence) où l'éducation ne peut se faire que par un contact prolongé – une continuité – avec les enseignants. En fait, cette deuxième tranche d'éducation doit se modeler sur la première, puisqu'elle en est la suite toute naturelle. En effet, l'enfant a besoin d'une continuité de rapports avec les parents, continuité qui constituera son éducation première et fondamentale, c'est-à-dire ses racines, son appartenance. L'enfant a besoin de recevoir de la mère tout d'abord les dispositions et attitudes de celle-ci pour connaître une **sécurité** de base et, en même temps, absorber les conditionnements de la mère (et du père) qui lui servent de base à la constitution d'un **moi** avec toutes les limites et tensions inhérentes à l'évolution d'un individu.

Cette expérience d'une **tension sur fond de sécurité et de continuité** lui permettra de se connaître comme tel enfant de tels parents en apprenant tout d'abord à s'attacher à ceux-ci et, plus tard, à se dissocier d'eux (adolescence), à objectiver les fixations, préjugés et attaches hérités de ceux-ci (jeune adulte à adulte) qui sont non seulement inévitables, mais nécessaires à la croissance. Car il faut, curieusement, avoir tout d'abord connu une identification complète à ceux qui nous ont engendrés pour ensuite apprendre à objectiver cette identification et émerger éventuellement, comme adulte autonome et libéré, de la tutelle émotive et culturelle des parents. Il n'existe pas d'éducation parfaite, mais l'imperfection de celle que moi je reçois fait partie intégrante et essentielle de l'apprentissage de **MA** vie où le paradoxe de choses agréables/désagréables, de désirs/dégoûts, d'attractions/répulsions, d'élans positifs/négatifs devra se dénouer à travers les péripéties et expériences de la vie.

Prenons un exemple : une bonne maman, qui aurait cependant des difficultés avec le monde du toucher, va transmettre à l'enfant des répugnances à être touché. À cause de cette difficulté, celui-ci va avoir peine à communiquer, à accepter ses émotions, même à s'exprimer. Mais à travers cette difficulté, il développera une plus grande sensibilité sur ce plan et une meilleure compréhension de tout ce qui est refoulé dans l'humain, même si cela lui prend beaucoup de temps et le fera beaucoup souffrir. La souffrance utilisée pour la croissance est toujours une grâce. Dans mon propre cas, j'ai connu une enfance sans toucher, sans caresses, sans mots doux ou encourageants. Et pourtant, cela m'a rendu plus sensible au domaine de la tendresse, du toucher et de la douceur, car pendant longtemps j'ai été à l'affût de ces choses, cherchant à me les faire donner par ceux que j'attirais ou qui m'attiraient, pour voir enfin que tout cela m'avait appris la leçon suivante : on connaît la vraie tendresse, le véritable amour, lorsqu'on n'a plus besoin d'en recevoir, lorsqu'on n'est plus en manque, en attente. Or, cette connaissance ne peut venir qu'à travers ce jeu de contrastes entre l'absence du début, le désir intense qu'il engendre et la découverte finale qui en est la guérison. Après tout, l'humain n'apprend qu'à travers ces alternances, ces chocs et ces conflits, à travers une continuité dont les parents sont les premiers garants (aussi imparfaits qu'ils soient) et que le sujet va poursuivre lui-même jusqu'à son dénouement.

Mais dans le cas d'un enfant ballotté constamment dès l'âge très tendre dans maintes garderies (plusieurs personnes, plusieurs visions du monde, plusieurs tabous et préjugés différents de ceux des parents), il n'y a pas tout d'abord de continuité de rapports entre parents et enfant et il n'y a pas, par conséquent, d'osmose, de transmission biologique, émotive et psychologique de tout ce qui constituerait l'héritage naturel de cet enfant et qui lui permettrait d'en tirer la substance de son évolution. En somme, il n'apprend pas à faire les liens entre ce que disent les gens de la garderie et ses parents, puisque **personne n'incarne cette assimilation.** (C'est un problème analogue que nous trouvons dans l'éducation des jeunes où, dans l'absence totale de continuité de rapports et la dispersion des connaissances et des cours, personne n'incarne une assimilation de toutes ces données éparses.) L'enfant, mais aussi l'adolescent tel qu'il est aujourd'hui, souvent laissé à lui-même ou perdu dans une usine pédagogique, demeure sans appartenance réelle, donc sans identité. Son moi est troué et morcelé dès le point de départ et personne ne sait le rendre entier. Car personne ne s'est donné la peine, au moment opportun, de lui fournir une continuité de rapports, un cadre d'intégration, une écoute suivie.

Après la classe, les enfants et adolescents sont «libres» et, comme ils sont seuls une fois revenus à la maison, ils sont laissés à eux-mêmes. Les parents professionnels qui sont absents vont tâcher de se faire pardonner leur absence en gavant les enfants, en leur donnant tout ce qu'ils désirent. L'absence de contact prolongé avec les parents et la surabondance dans laquelle ils noient leurs enfants ne peuvent préparer ceux-ci à la vie. Avoir tout ce que l'on veut, c'est apprendre à ne rien comprendre aux difficultés de la vie qui «ne fait pas de cadeau», c'est-à-dire qui ne fait pas ce que l'on veut ni quand on le veut. Avoir tout ce que l'on veut quand on le veut, c'est ne pas apprendre que la frustration, la déception, l'amertume et l'impuissance font partie intégrante de toute vie et qu'il n'y a pas d'exception à cette constante. Et voilà des choses substantielles qu'il eut fallu apprendre dès l'enfance.

(Un titre de livre récent écrit par un psychologue se lit comme suit : *Père manquant, fils manqué.* Mais peut-être serait-il plus juste de dire simplement : **parents manquants, enfants manqués?**)

Parents professionnels

On ne peut s'empêcher de se poser ici plusieurs questions : 1) pourquoi vouloir à tout prix avoir des enfants? 2) pourquoi, en tant que parents, vouloir à tout prix entreprendre une carrière professionnelle tout en élevant des enfants? et 3) pourquoi faut-il que les deux parents travaillent simultanément, autrement dit, pourquoi doivent-ils gagner autant d'argent? Répondant à la première question, je dirai que plusieurs parents voient l'enfant comme une sorte de poupée, un amusement, ce qui fait dire à certaines mamans potentielles «j'ai le goût d'avoir un enfant.» Cette expression indique que cette maman possible fait surtout référence à elle-même : «j'ai le goût, ça me ferait plaisir.» On se préoccupe de soi. On a un enfant comme on se ferait donner un manteau de vison, ça fait plaisir, c'est si doux et gentil... Mais l'enfant dans tout ça? Est-il même nécessaire aujourd'hui de faire encore d'autres enfants? N'y a-t-il pas une pléthore d'enfants dans un monde déjà dangereusement surpeuplé et n'y a-t-il pas également dans ce monde des millions d'enfants qui ne sont pas nourris, dont on ne s'occupe pas, qu'on laisse mourir de faim ou que l'on abandonne tout simplement? Si l'on tient à avoir un enfant, ne vaudrait-il pas mieux prendre ceux qui sont déjà nés? Car si on aime tant «les enfants», pourquoi faut-il que ce soit les miens, les nôtres?

La deuxième question, la question clé : pourquoi, en tant que parents professionnels, avoir à tout prix des enfants? Si l'on veut en tant que parents poursuivre une carrière, pourquoi ne pas laisser aux autres le projet d'élever une famille? Est-ce la carrière (la réalisation de son moi) ou est-ce les enfants (l'oubli de soi pour assurer une continuité de contact et une sécurité essentielles à l'enfant)? (Bien sûr qu'il y a eu et qu'il y aura des exceptions, mais comme disait quelqu'un, «elles sont exceptionnelles!») En fait, on peut difficilement faire les deux et, si quelqu'un en souffre, ce sera l'enfant plutôt que les parents.

Troisième question : le besoin d'argent est-il à ce point urgent que l'on doive compromettre l'éducation première de l'enfant? Le besoin d'argent n'est pas un besoin naturel ou essentiel comme le sont les besoins biologiques; ce sont des **désirs du superflu** que l'on prend pour des besoins et que l'on parvient, à force d'habileté, à voir comme de véritables «nécessités». Il n'est peut-être pas vrai que les deux parents doivent «gagner» pour «arriver». Arriver où et à quoi? À être plus riche que l'on a été, à être plus riche que les autres (*richer than the Joneses,* en américain), à vivre dans une sécurité permanente? Le bonheur serait-il l'abondance? Si l'on croit que la réponse est oui, on aura oublié qu'éduquer des enfants, c'est tout d'abord une question de présence et d'attention, d'écoute et de patience, d'affection et de discipline, de douceur et d'exigence. Et cela ne coûte pas cher... en argent! Mais si l'on veut, en même temps et surtout, que les enfants ne manquent de rien, c'est-à-dire que tous leurs désirs (caprices) soient satisfaits, alors on n'a rien compris à l'éducation et encore moins à la vie.

IL N'EST PAS DE PIRE SERVICE À RENDRE À UN ENFANT QUE DE LUI ÉVITER DE SOUFFRIR.

Lorsqu'on entend la voix d'une chanteuse hurler «L'essentiel, c'est d'être aimé», on voit combien la conscience ordinaire refuse de quitter le niveau de la dépendance affective («besoin d'être aimé d'un adulte ou d'un enfant», «besoin d'avoir son enfant»). C'est le niveau de l'enfance/adolescence. Du reste, une bonne partie des chansons, films, romans et téléromans insistent et s'attardent sur l'importance primordiale d'être aimé, de demeurer dépendant, infantile, puisque c'est évidemment là qu'était le bonheur et que ce doit être également là qu'il faut le trouver, comme ne cessent de le répéter tous ces livres qui enseignent à retrouver l'enfant en soi!

L'accomplissement du Moi

Pour la conscience ordinaire, il existe des conditions qui permettent la croissance, l'accomplissement ou l'épanouissement de la personnalité, c'est-à-dire du Moi. Il y a tout d'abord les désirs et le développement des tendances, goûts et talents. Mais il y a aussi ce qui vient avec ces désirs et ces développements : les déceptions dues aux attentes frustrées, les épreuves qui surgissent dès que l'on se lance dans une aventure tant soit peu risquée, ainsi que les trahisons, amertumes, échecs, jalousies, divorces, mortalités et maladies qui sont le lot de tout humain. Ce ne sont pas ces difficultés qui empêchent de croître et d'évoluer, ce sont nos refus, notre inacceptation, nos attentes infantiles. Au contraire, tout cela peut aider à devenir une personne autonome et épanouie, pourvu que l'on reconnaisse ses conditionnements, illusions et prétentions. Toutefois, n'oublions pas que, ce faisant, nous demeurons dans le champ de cette personnalité qui est une fiction, une illusion. Rappelons-nous qu'en réalisant nos désirs et nos talents, notre but est de fonder un centre solide, une sécurité, une permanence. Ce centre est bâti et entretenu avec l'idée de tenir tête à la vie, en tout ce qu'elle a d'offensant pour le Moi, tout ce qui le déçoit, l'écœure, le révolte : tout ce qui le menace et qu'il perçoit comme un ennemi. **Nous disons tous NON à la Vie parce qu'elle ne favorise pas le Moi. Mais en ne favorisant pas le Moi, elle offre l'occasion de s'en libérer.**

DÉSIRS[1]

Les désirs sont des états de manque psychologique, comparables à la faim et la soif biologiques, dont toutefois ils diffèrent essentiellement. En effet, les besoins biologiques sont naturels à l'organisme auquel ils sont nécessairement liés, alors que les besoins psychologiques sont en quelque sorte artificiels, puisqu'ils s'occupent du superflu. La raison en est simple : les désirs nourrissent le moi, alors que les besoins biologiques soutiennent l'organisme qui n'a pas de moi.

---

1. Selon le philosophe Thomas Hobbes, le désir est une sorte d'halètement incessant, un galop sans repos, une carotte qui fait toujours courir l'âne. C'est pourquoi, selon lui, le désir est satisfait par la quantité, par l'avoir, par le fait d'avoir toujours plus : «La félicité est une continuelle marche en avant du désir d'un objet à un autre, la saisie du premier n'étant encore que la route qui mène au second. La cause en est que l'objet du désir de l'homme n'est pas de jouir une seule fois et pendant un seul instant, mais de rendre à jamais sûre la route de son désir futur... Ainsi, je mets au premier rang, à titre d'inclination générale de toute l'humanité, un désir perpétuel et sans trêve d'acquérir pouvoir après pouvoir, désir qui ne cesse qu'à la mort. La cause en est... qu'on ne peut pas rendre sûrs, sinon en en acquérant davantage, le pouvoir et les moyens dont dépend le bien-être qu'on possède présentement.» (*Léviathan*, ch. 11, Éd. Sirey, 1983, pp. 95-96)

Le désir, une fois rassasié, par exemple celui d'être riche, peut produire deux effets contraires : dans le premier cas, une satisfaction temporaire qui fera place à une insatisfaction nous poussant vers d'autres richesses. Ici, la leçon n'aura pas été apprise. Et quelle est cette leçon? Qu'aucun désir ne peut être satisfait par un objet, quelque riche, séduisant et comblant soit-il. C'est-à-dire que **le désir d'une chose n'est pas réellement le désir de cette chose, mais le désir de ce qui est derrière toute chose et tout désir :** l'état de bonheur comblé qui est antérieur, en arrière-fond, le non-désir de la Conscience libérée. Si bien que lorsque la chose désirée ne produit pas la satisfaction recherchée, mais plutôt la déception, l'insatisfaction et même le désespoir et la vacuité, alors la portée du désir a atteint sa cible. Il débouche sur un non-désir, à condition que le sujet sache dire oui au désespoir. C'est le deuxième cas. En somme, tout désir vient de la Source et y mène, comme un boomerang.

L'insatisfaction

Ainsi donc, l'insatisfaction a deux volets : le premier où la déception est superficielle et ne mène aucunement au désespoir, mais suscite d'autres désirs. C'est une insatisfaction qui produit une fermeture plus grande. Dans l'autre volet, l'insatisfaction produit un désespoir qui peut mener, si le sujet est suffisamment mûr, vers l'ouverture, le non-savoir, le questionnement radical («qu'est-ce que la vie? qu'est-ce que la souffrance? que suis-je?»). Ainsi, pour celui qui veut simplement combler ses manques, l'insatisfaction ne pourra le mener vers la liberté. Elle le convaincra, au contraire, qu'il faut continuer de toujours chercher ailleurs, en dehors de soi, dans les objets du désir... comme le disait Hobbes.

Le désir devenu besoin

Aujourd'hui, le désir a acquis le statut d'un besoin. La surabondance et le pouvoir séducteur des produits créent une continuelle escalade de désirs qui, une fois devenus des habitudes, acquièrent la même apparence de **nécessité absolue** que les besoins biologiques. Sauf qu'ils ne sont pas seulement inutiles pour la plupart, mais rendent insensibles et étouffent le cœur, la capacité de rester ouvert, à l'écoute. En effet, le dogme de la production indéfinie se maintient par une manipulation omniprésente du consommateur, lui proposant constamment de changer de gadget, d'instrument, de «look» afin de satisfaire les désirs implantés et toujours renouvelés par la propagande. Le désir des compagnies qui produisent et créent ces états de manque est de connivence avec le désir du consommateur. C'est du reste pour cela que cette complicité ne s'arrêtera jamais : chacun y trouve son compte, car le moi collectif des compagnies est en collusion avec le moi collectif des consommateurs. Ensemble, ils constituent un moi qu'ils n'ont aucun intérêt à voir disparaître.

Le moi veut être aimé, admiré, loué; il veut dépendre d'une personne, d'un lieu, d'un emploi, d'une habitude, d'une chose, d'une substance enivrante. Cela lui assure la survie. Or, ces besoins gravitent autour de la première phase de la vie, là où l'enfant a vraiment besoin d'être enraciné, fixé, sécurisé. En effet, le moi est infantile; c'est la partie en nous qui ne veut pas croître, qui préfère vivre dans les pires illusions et qui supporte les plus grandes souffrances pour n'avoir pas à grandir. (C'est le mythe de «Peter Pan»...)

Les désirs (dont les émotions sont le moteur) sont des «glues» qui fixent le moi. Car les désirs sont des appoints affectifs qui grisent le moi (le fait de se sentir et se savoir riche, puissant, tombeur ou femme fatale, etc.) et qui non seulement ne donnent pas le bonheur, mais retardent ou compromettent la possibilité même de celui-ci. Tout ce qui gravite autour du moi retarde le bonheur et la paix qui sont en deçà et au-delà du moi.

Les désirs du superflu sont des greffes ajoutées à l'être humain qui, à l'état naturel, peut survivre avec très peu, comme on le voit dans certaines contrées austères, chez certaines peuplades éloignées ou chez certains athlètes, chercheurs, héros et découvreurs.

Mais on peut s'en rendre compte simplement en faisant du camping. Tout ce que l'on ajoute de superflu ou d'inutile nous lie, nous rendant à force d'habitude incapables de voir que ces désirs ne sont pas du tout des besoins et qu'ils ne comblent pas des manques essentiels, mais qu'ils sont **des liens créés pour sécuriser et magnifier le moi.** On s'imagine en avoir besoin, on s'en convainc même : «Je ne pourrais tout simplement pas m'en passer.» Et le moi ne demande pas mieux, bien sûr!

L'habitude normalise les comportements : on trouve normal ce que l'on fait depuis longtemps. Les désirs satisfaits pendant des années apparaissent un jour comme des besoins essentiels, inséparables de sa vie. L'illusion est complète. La pensée s'est complètement occultée, de sorte qu'elle ne se voit plus agir et s'arrange même pour ne pas sentir le besoin de se regarder. On se dit avec la plus grande sincérité, avec la plus grande conviction, avec certitude même : «Je ne peux (plus) me passer de toi.» Et rien au monde ne nous fera croire le contraire. (La sincérité est souvent un autre nom pour la méconnaissance de soi : en «amour», on est toujours sincère, surtout au début!)

Comme le moi est un cancer de l'être – une excroissance absorbant toutes les énergies pour se construire et se maintenir comme château fort, centre imprenable, certitude blindée –, la croissance ou le développement de ce moi est son propre échec emportant avec lui l'être entier. Vivre dans l'illusion est autodestructeur, mais avant de pouvoir le reconnaître, ceux qui l'ont reconnu ont souvent dû se rendre aux limites du précipice.

«Vous avez besoin de nourriture pour survivre biologiquement, dit Jean Klein. Mais la survivance psychologique est une illusion. Il y a certains pays où la survivance biologique joue un rôle important, mais ici, en Occident, il n'existe plus que la survivance psychologique : survivre pour une illusion.» (*Transmission of the Flame,* ma traduction.)

INSTINCTS

Les instincts – «la part héréditaire des tendances comportementales» – sont des réflexes, des réactions incorporées dans l'organisme, *inbuilt,* comme on dit en anglais. Ils n'ont pas tout d'abord de dimension psychologique, mais purement biologique, c'est-à-dire qu'ils fonctionnent sans qu'on ait à les vouloir ou à y penser. On ne peut exister sans ces réflexes *primo-primi,* car bien qu'ils soient des pulsions animales, ils entrent dans la définition d'un humain complet. On reconnaît habituellement comme instincts celui de la **survie** et celui de la **reproduction.** (Dormir et digérer ne sont pas des instincts, mais des fonctions biologiques spontanées qui se produisent sans qu'il y ait besoin d'un stimulus extérieur, contrairement aux deux instincts précédemment nommés.)

L'instinct de survie

L'instinct de survie comprend tout d'abord la faim et la soif qui permettent de rester en vie. Il comprend ensuite le réflexe de se défendre contre un agresseur, que ce soit un être ou une force de la nature telle qu'un cataclysme ou un virus, mais il comprend aussi l'envie spontanée de fuir lorsque l'adversaire est trop menaçant.

L'instinct de reproduction

De son côté, l'instinct de reproduction comprend toute pulsion sexuelle, qu'elle soit tournée vers la production d'un enfant ou simplement vers la jouissance érotique. La pulsion sexuelle est un instinct dont l'exercice est un besoin, en ce sens que, pour assurer un équilibre physiologique et psychologique, une certaine activité sexuelle est habituellement requise. Toutefois, ce besoin varie d'un individu à l'autre et, s'il est généralement présent, il ne l'est pas également chez chaque particulier.

Le plaisir sexuel, une fois affiné par une plus grande sensibilité, une ouverture réelle à l'autre, peut alors exprimer une tendresse adorative sans besoin de retour. Mais cette possibilité devient plus difficile à atteindre à mesure que, dans une société de consommation exacerbée, la violence s'exprime par une sexualité de plus en plus coupée de l'ouverture du cœur, de l'attention sans attente. L'acte sexuel est devenu une chose en soi.

Il reste qu'il peut arriver que l'on ne sente plus la nécessité d'exercer sa sexualité. Ce n'est pas tout de même comme le besoin de manger et de boire qui dure toute la vie, bien que suivant des rythmes particuliers à chacun. Si l'on ne cesse pas de manger, on peut en revanche cesser d'être sexuellement «actif». Cette pulsion pourra s'arrêter à mesure que le sujet sera orienté spirituellement et que le moi, avec ses peurs et attentes, aura cédé la place à son absence.

«L'instinct de mort»

Depuis Freud, on a fait croire que la tendance à se détruire répond à un instinct, donc à une loi de l'organisme. Mais chercher à se donner la mort est un état pathologique relié à un moi incapable de se libérer de sa prison. L'identification au moi étant déjà une pathologie, «l'instinct de mort» n'en est que la phase extrême. Cet «instinct» n'est pas un réflexe de l'organisme, il est créé et entretenu par le mental; c'est une réaction émotive paroxystique. Considérons simplement que l'organisme en lui-même ne vise pas sa destruction, même s'il va finir par disparaître. Au contraire : **l'organisme contient un système immunitaire destructeur des anticorps qui menacent la vie de l'ensemble, système qui assure au corps l'équilibre et la santé, et cela, indépendamment de ce qu'en pense et de ce que veut le sujet.**

Ainsi, du simple point de vue biologique, le suicide n'apparaît pas une donnée organique, il appartient à la sphère du moi frustré, exacerbé, menacé. (Mais comme on verra en deuxième partie que le moi n'existe pas, le suicide apparaîtra comme une réaction complètement illusoire. En effet, qui peut-on détruire lorsqu'il n'y a pas de personne?)

Ce n'est qu'à cause du déséquilibre psychologique – la jalousie, le besoin de punir, de SE punir, tous dus à une croyance que le moi est réel et qu'il est même la seule Réalité, donc qu'il faut à tout prix le défendre même au prix du corps – qu'un désir d'autodestruction peut se déclencher, donnant l'impression que c'est **l'organisme** qui contient le désir de mourir. Mais ce n'est pas l'organisme (le niveau biologique) qui comprend ce désir, c'est le niveau psychologique qui, par une émotivité poussée à bout, se rend justement incapable d'entendre les messages du corps qui ne parlent que de vie et de survie. **Le niveau psychologique, comme c'est dans son habitude, crée ainsi sa propre loi complètement détachée de la seule réalité biologique.** Celle-ci se situe au niveau du FAIT, alors que le drame psychologique se situe au niveau du PENSÉ centré sur l'importance absolue de la personne. La pensée peut donc non seulement se détacher de la vie biologique, elle peut même s'opposer à elle.

La Vie qui attire à travers une mort

S'il y a lieu de parler d'une tendance à mourir, ce serait dans un contexte tout à fait non psychologique, c'est-à-dire dans une perspective métaphysique, spirituelle. Ce serait l'appel à transcender le vécu, le passé, le senti, la tendance radicale à s'ouvrir, à se donner, à se perdre dans plus grand. Cette poussée vient de la Présence silencieuse elle-même; on pourrait dire que c'est son mouvement essentiel qui invite à sortir des pièges de l'illusion mentale et de la souffrance entretenue par ceux-ci. La disparition est le destin du moi et de l'organisme. En réalité, le moi ne meurt pas puisque, étant une illusion, il n'a jamais existé. Mais reconnaître de façon profondément sentie que l'on a entretenu cette illusion toute sa vie et la voir se dissoudre, c'est vraiment une mort, la seule mort qui soit.

2

DROITS

Les droits existent dans le monde de la conscience ordinaire, c'est-à-dire au niveau où je me place dans la première partie de ce livre. En fait, pour tous les citoyens de cette planète, les droits existent vraiment. Non seulement sont-ils présents, mais ils se multiplient au même rythme qu'augmentent les désirs.

Dans un petit groupe – famille, école, village –, les droits (et devoirs) sont encore assez faciles à déterminer et à faire respecter. Mais avec l'accélération démographique qui tend de plus en plus à devenir incontrôlable, les droits pris séparément sont de plus en plus difficiles à fixer et même à reconnaître dans les villes tentaculaires, les pays divisés ou fusionnés, ainsi qu'à la dimension des continents. Le nombre croissant de personnes multiplie la variété des goûts, aptitudes, volontés, personnalités, projets et intérêts, donc des droits réclamés sinon encore reconnus. Et si l'on étend cette situation au monde entier, cela devient un tissu serré de revendications contradictoires et souvent insolubles, d'autant plus qu'à mesure que les gens deviennent plus sophistiqués (les nantis), ils sont de plus en plus exigeants, égocentriques, préoccupés de leur bien-être, de leur profit et de leurs plaisirs. Tout cela rend ces sociétés progressivement difficiles à gouverner et encore plus à s'autogouverner.

Ainsi, avec l'accroissement de la population, les lois se multiplient-elles au même rythme, puisque dans les sociétés modernes, ce sont les lois qui répartissent les droits des uns et des autres.(Lorsque je dis : «C'est mon droit», je fais nettement allusion à une loi qui me l'accorde ou me le garantit.) Cependant, tous les droits réclamés ne sont pas reconnus par les lois. Quelques-uns même ne peuvent commodément tomber sous la loi, comme par exemple : les droits des enfants, des animaux, de la nature, des plantes, des eaux, etc., puisque les droits ne peuvent «appartenir» qu'à des individus humains, c'est-à-dire aux adultes qui votent et paient des impôts ou qui en ont déjà payé.

Droits innés et acquis

Il y a des droits qui sont considérés comme **innés.** Ils sont inclus dans la définition même d'une personne. D'autres droits sont perçus comme **acquis.** Ce sont les droits obtenus par une action : les droits de possession, d'achat, de rétribution, de succession, de salaires et de rentes.

Enfin, quelques droits sont tacitement **reconnus** par les coutumes d'un pays. Tels sont les privilèges d'élite ou d'aristocratie dans les monarchies traditionnelles, privilèges qui persistent même dans les régimes censément débarrassés de ces classes, tels que la République française après 1789 et les régimes communistes fondés pourtant sur l'abolition de toute classe. Ces droits peuvent être également sanctionnés par des lois inspirées de préjugés sociaux, comme par exemple, les «droits» des Blancs par rapport aux «non-droits» des Noirs en Afrique du Sud et dans le sud des États-Unis; «droits» qui sont le résultat de l'étroitesse d'esprit, de la prétention et de l'avidité de la classe dominante, attitudes qui, dans le cas des États-Unis, sont loin d'être périmées.

Droits inséparables des devoirs

Les droits, reconnus ou non, existent par rapport à des devoirs avec lesquels ils forment un couple inséparable. Il n'est pas de droits sans devoirs. Dire qu'on me doit quelque chose, c'est dire que j'y ai droit. Un **droit,** c'est ce qui m'est **dû** (devoir). Le droit de l'un est donc le devoir de l'autre et, le devoir de l'un, le droit de l'autre. Les deux pôles existent à l'intérieur de chacun. J'aurai ainsi un droit sur un plan et un devoir sur un autre. Par exemple, je peux dire que j'ai **droit** à mon salaire (l'employeur doit me payer) et que je **dois** un impôt sur ce salaire; que si j'ai **droit** à un certain respect de mes enfants, je **dois,** à mon tour, respecter mes propres parents.

Mais même dans le domaine des droits et devoirs, le divorce est à la mode! Car on ne parle plus que des droits. Il s'élève des pays riches une clameur de droits qui fait taire les devoirs envers les autres et envers la Vie. Le silence des devoirs se fait sentir à tous les niveaux comme une sorte d'assèchement, d'inertie, de dépersonnalisation dans les rapports. **Et c'est justement parce que l'on a perdu la sensibilité aux devoirs que l'on réclame à grands cris les droits les plus extravagants.** Il y a quelque chose que l'on semble vouloir étouffer, quelque chose qui est profondément déraillé.

Droits conflictuels

En plus des droits reconnus ou exigés, il existe également des droits conflictuels – des conflits entre différents droits, des hiérarchies de droits –, une guerre de droits. Il y a, par exemple, des droits réclamés par une personne (physique ou morale) contre une autre et réciproquement. Droits qui ne sont pas nécessairement égaux ou même valables et que la justice a fort à faire pour les départager. Il existe donc des «droits» en nombre croissant qui, n'étant pas encore reconnus de tous, sont néanmoins exigés et proclamés haut et fort. Tels sont, entre autres, le droit de mourir comme et quand l'on veut, le droit d'aider un grand malade ou un mourant à décéder, le droit d'avorter ou encore le droit pour un couple homophile (hommes ou femmes) d'élever des enfants, etc.

Dans ce chapitre, je vais tenter de démêler cet écheveau en distinguant les droits réels, droits prétendus et non-droits, c'est-à-dire les droits inexistants qui se font passer pour légitimes. Voici pour commencer une liste provisoire des droits aujourd'hui reconnus, réclamés ou récusés.

Liste approximative des droits

Droits biologiques (ce qui est nécessaire à l'organisme)

- à la vie
- à la nourriture
- à un toit
- au gagne-pain
- à la liberté
- au bonheur
- à être aimé, entouré, soutenu (pour les enfants)

Droits inclus dans la personne

- à la différence (la marginalité)
- à la santé
- à l'expression de soi en public
- à la disposition de son corps, de son esprit

Droits arbitraires ou superflus

- à l'éducation
- à la sécurité sociale
- à un niveau de vie convenable
- à l'information
- à la possession d'une arme

Non-droits

- droits des enfants
- droits des espèces animales
- droits des plantes
- droits de la terre, des eaux, de l'air

Droits sans devoirs

- à des eaux pures

- à l'air pur
- à des aires de silence
- à des aires de verdure

Droits à venir

- à ne pas souffrir
- à l'euthanasie
- au suicide assisté.

Droits biologiques

Il y a tout d'abord des droits que j'appellerai biologiques ou vitaux. Tels sont : le droit à la vie, à la liberté, au bonheur (ou à la recherche de celui-ci), à la nourriture, à un toit, au gagne-pain.

Le droit à la vie

Les trois premiers droits sont enchâssés dans la Constitution américaine. Mais, en réalité, ce ne sont pas des droits, pas plus, du reste, que les quatre autres. Ce sont plutôt des composantes essentielles de l'organisme humain. En ce sens, ce sont des besoins biologiques. Comme nous l'avons vu, vie et nourriture ne sont pas des choses ajoutées, adventices, des compléments qui peuvent ou non être présents. Ce sont des conditions fondamentales pour que le corps vivant soit...vivant. Dire que c'est un corps, c'est entendre déjà que c'est un vivant, autrement, ce serait un cadavre, dirait La Palice. Et si le corps est vivant, si l'on est en vie ou, du moins, pour qu'on le demeure, on sera naturellement nourri.

Ce n'est que dans le cas où le bébé ne serait pas nourri ou qu'il serait abandonné que l'on pourrait parler d'un «droit» à son égard. Mais c'est justement parce que les données naturelles ne sont pas respectées. Ce «droit» n'apparaît évident qu'en réaction à un acte coercitif, à une négligence qui viole les lois de la vie. C'est un correctif.

Par ailleurs, parler d'un droit à la vie de la part du fœtus, c'est encore oublier que la vie n'est pas quelque chose qu'il va obtenir une fois formé dans le sein maternel et qui fait qu'il va pouvoir en sortir...vivant. La vie n'est pas quelque chose d'ajouté à un corps plus ou moins formé. Cette formation, cette croissance mêmes sont la vie, un processus qui n'existe pas séparément, mais toujours «incorporé».

La vie est une condition intrinsèque à l'organisme; elle ne vient pas d'ailleurs, comme l'essence dans le moteur. Elle n'est pas acquise ou obtenue, comme on dirait par exemple : «j'ai droit à ma terre, puisque je l'ai achetée.» La vie n'est pas plus un droit que le fait de respirer ou de digérer. C'est une condition implicite (*inbuilt,* en anglais) à tout individu. C'est un **fait,** non un **droit.** Et un fait comme tel ne dépend de personne ni d'aucun pouvoir extérieur pour exister, alors qu'un droit est accordé, défini par le pouvoir, les lois, les coutumes. Il doit être reconnu. En revanche, un fait «est», qu'il soit reconnu ou pas.

La vie : pas un droit, mais un don

De toute façon, que peut-on faire pour **obtenir** la vie? Même certains nouveau-nés ne parviennent pas à survivre, alors que toutes les conditions semblent présentes. La vie biologique est un don qu'on ne peut mériter ni se procurer, c'est une pure grâce qui n'a pas d'antécédent – pas de cause comme telle – mais qui est une manifestation spontanée et gratuite de la Vie universelle et absolue.

On croit, bien sûr, que les parents sont la cause de la vie de l'enfant, mais ils n'en sont que des instruments complètement ignorants du processus miraculeux de la gestation. On ne s'approprie pas la vie, pas plus qu'on ne la comprend. Même la biologie ne peut que garder le silence sur le mystère de la vie, ce mystère qui englobe à la fois le biologiste et son cerveau, l'objet de ses études et ses connaissances mêmes de la biologie! (Selon cette biologie justement, «on pense désormais... que la vie est apparue spontanément, il y a 4 milliards d'années... Oui, mais malgré quarante ans de recherches acharnées, on ne sait toujours pas comment.» Témoignage de biologistes contemporains : F. Jacob, M. Morange, A. Danchin et J.-P. Poirier, résumé par Claude Allégro, du magazine *Le Point,* 7 octobre. 1995.)

L'organisme naît et meurt, alors que nous demeurons dans la nuit quant au courant insaisissable de la vie qui nous parcourt et nous entoure. Pendant tout ce temps, la Vie est là, sans commencement ni fin, dans un présent qui défie toute prise et toute saisie mentale. La vie biologique ne nous appartient pas, elle ne se contrôle ni dans son origine ni dans son débit. Même sa durée naturelle suit ses propres lois, bien que l'on puisse toujours mettre fin à ce flot d'énergie qui vient d'on ne sait où, croyant que, puisqu'elle est notre bien, nous avons le droit d'en disposer à notre guise.

On peut disserter sans fin pour déterminer si un embryon est un humain ou non, mais s'il y a vie, celle-ci échappe à nos «droits», celui de l'empêcher autant que celui de l'acquérir. Certes, on peut enlever la vie, mais on ne peut la donner à quelqu'un. Notre pouvoir sur elle est négatif.

La plupart des droits dans la liste que je parcours sont comme le «droit à la vie» du fœtus : des droits réclamés comme un dû à l'encontre d'un rejet ou d'une coercition.

Mais si l'on n'a pas un «droit» à la vie, ni le «droit» de la prendre, c'est qu'on a le devoir de la respecter, de la recevoir, de l'accueillir et de l'entretenir comme le bien le plus précieux, le plus sacré. (La Vie n'est pas le corps, c'est même infiniment plus.)

Le «droit» du fœtus

Le fœtus par lui-même ne peut avoir de «droit»; ce sont les parents ou les responsables en présence qui ont un devoir à son égard, devoir qui en ce cas n'aura pas été respecté. Cela ressemble aux «droits» des femmes et des marginaux : ils ne s'appellent des «droits» qu'à cause d'un régime despotique, d'une opinion publique retardée ou simplement d'un préjugé enraciné. Reconnaître ces «droits», c'est simplement **rétablir** l'ordre naturel et harmonieux des choses. C'est remettre aux individus leur plein statut de membres d'une démocratie ou d'un peuple civilisé, statut qui ne peut être octroyé, puisqu'il existe d'avance.

Je résumerais donc mon opinion sur ce sujet en disant : **Ne peut être un «droit» (mais simplement une composante de l'organisme) ce qui existe avant la loi et indépendamment de celle-ci, c'est-à-dire dans la nature des sujets. Cela s'appelle un droit «inné».**

Est un «droit» ce qui est défini comme tel par la loi et selon celle-ci, comme les droits à l'éducation, à la santé, à la possession d'une arme, à l'euthanasie. C'est un droit «acquis» ou «reconnu».

Qu'un droit soit défini par la loi n'en fait pas nécessairement un droit, comme on le voit pour les droits à la vie, à la liberté et à la poursuite du bonheur, reconnus comme fondamentaux par la Constitution américaine et pourtant antérieurs à la loi, tout comme tout humain est antérieur à celle-ci. (C'est parce que l'humain existe qu'il y a des lois; et non pas parce qu'il y a des lois que les humains existent ou sont humains!)

Le droit à la liberté

Quant à la liberté, je traiterai de cette question importante plus loin en présentant les trois mythes de la Révolution française : liberté, égalité et fraternité. Qu'il suffise pour l'instant de dire que la liberté est, elle aussi, une composante naturelle de ce que l'on entend par un être humain. Une composante qui, si elle fait défaut, lui enlève son caractère proprement humain. On peut bien sûr affirmer que l'on a droit à la liberté, mais elle est incluse dans la vie et ne s'ajoute pas comme un accessoire, comme le ferait la richesse ou la renommée. Du reste, la liberté n'est pas à être accordée par la loi ou la société, puisque c'est l'essence même de l'esprit. Et si elle doit l'être, c'est encore par réaction à une coercition.

(Cependant, la vraie liberté, celle de l'être éveillé, demeure généralement à l'état embryonnaire de possibilité et il faudra beaucoup d'attention à soi pour accéder à cette liberté qui s'exerce vis-à-vis de ses penchants, illusions, passions, préjugés et dépendances. Cette liberté essentielle du cœur humain tombe encore moins sous les lois que la liberté sociale. Aucune loi ne peut libérer un être ni l'empêcher d'atteindre sa vraie liberté qui est une réalité antérieure à toute législation et même à toute vie physique.)

Le droit au bonheur

On entend souvent la phrase : «je te souhaite beaucoup de bonheur; tu le mérites» ou «tu y as droit». Mais il y a erreur. Le bonheur n'est pas un droit au sens où le salaire le serait. Il est l'état même de l'être vivant avant que les soucis, les peurs et les désirs ne viennent troubler et occulter cette unité primordiale qui EST l'enfant dans sa prime innocence.

Hélas, le bonheur n'est presque plus connu de nos jours. C'est du reste pour cela qu'on en parle maintenant comme d'un «droit». On a oublié ce qu'il était.

Puisque le monde moderne ne peut renoncer au dogme du progrès indéfini qui s'avère maintenant un mythe, mais qu'il conçoit comme garant du bonheur, il ne connaît pas autre chose que l'agitation, l'angoisse et l'obsession du vieillissement, de la maladie et de la mort. Pensant que le bonheur est toujours **devant** (plutôt qu'à la source et au présent), le monde d'aujourd'hui se rend difficilement perméable à l'acceptation de la vie telle qu'elle est et à la connaissance véritable de soi, puisqu'il se fuit lui-même constamment en croyant le bonheur toujours ailleurs. Or, **c'est le bonheur que l'on fuit en se fuyant soi-même,** car, comme la sagesse millénaire nous l'apprend, le bonheur, c'est le point de départ, la base, le fondement, la racine de l'être; et, en cherchant le bonheur dans les choses là-bas, on ne fait que le fuir de plus en plus. («Notre vraie nature EST bonheur», écrit le maître zen Albert Low dans son dernier livre, *Entretiens sur la voie du zen,* Éditions de Mortagne.) Et c'est justement parce que nous sommes bonheur que le bonheur des êtres nous touche. («C'est parce que la beauté habite dans le regard qu'on voit la beauté», dit Éric Baret.) Les choses de la vie et de la nature sont exaltantes parce qu'elles renvoient à ce bonheur que nous sommes : c'est ce bonheur, cet amour, cette beauté en nous qui vibrent aux merveilles de la vie. Nous sommes à la fois bonheur, beauté, lumière et joie.

Le bonheur cherché dans l'avenir

Toute démarche pour chercher ailleurs le bonheur produit une plus grande souffrance en accentuant le manque, la division, le vide. C'est comme un horizon qui reculerait toujours devant le promeneur. C'est la vision derrière le slogan : «space, the last frontier» – l'espace, dernière frontière – qui ne tient déjà plus ses promesses et qui ne pourra jamais les tenir.

La fuite en avant (projet, progrès, rêve, promesse) est comme la fuite en arrière (nostalgie, regret du passé, culpabilité, remords). Ils se renvoient leur image, s'évoquent et se conditionnent mutuellement.

La société – l'école, l'université, les thérapies du Nouvel Âge, les psychologies (la philo est inexistante), le monde des affaires, les religions et la science – n'enseigne nulle part à se connaître soi-même. Ces disciplines ou institutions enseignent à chercher ailleurs, plus loin, plus haut, à accumuler, à engranger, à produire davantage et mieux. Elles sont obsédées par l'objet et ignorent le sujet; par le connu en ignorant le connaissant. Elles enseignent et répandent des façons d'obtenir un conjoint, une position, une plus grande popularité, plus de richesse, plus de bien-être, etc.

Or, ce ne sont pas la menace des bombes, la marée envahissante de biens à consommer, l'éducation inadéquate, les gouvernements fourbes, les multinationales tentaculaires, la propagande totalitaire qui empêchent le bonheur des êtres, qu'ils soient Américains, Japonais ou Européens. C'est la croyance invétérée, maintenue et continuellement martelée qu'**on ne peut obtenir le bonheur que par un progrès continuel dans l'échelle sociale; qu'il n'est pas donné au point de départ, mais qu'il se gagne par l'acharnement et l'effort. Le bonheur serait le produit final. Ce serait, en somme, le fait d'avoir gagné contre tout ce qui s'y oppose! (On voit le bonheur comme on voit le Bien : il ne peut gagner que dans une lutte à finir contre le Mal.)**

On est convaincu que le bonheur ne peut venir qu'avec le temps. Demain. *Mañana.* «Un jour tu verras...» Il est représenté par les gens qui ont réussi : les héros, les chanceux, les favorisés, les stars, les écrivains, l'élite, ceux qui ont un accès assuré au bonheur étant donné qu'ils sont dans l'AILLEURS, tout comme le bonheur, et qu'ils sont dispensés de tremper dans le merdier de la vie plate et ordinaire.

Le vrai bonheur

Chaque être cherche le bonheur, alors que ce bonheur c'est lui-même, le chercheur. Sa recherche est sa vie, son bonheur est son être. On ne peut être sans bonheur en même temps qu'on ne peut vivre sans le chercher. Cette contradiction, ce paradoxe constitue la souffrance humaine. «Tu ne me chercherais pas, si tu ne m'avais déjà trouvé», disait le Christ à Augustin. C'est parce que l'on connaît le bonheur au fond de soi, obscurément, mais certainement (on l'a connu enfant, on le connaît chaque nuit dans le sommeil profond et on le connaît dans des instants privilégiés de surprise et d'étonnement) qu'on ne peut penser à autre chose ni désirer autre chose, qu'on ne peut chercher que cela dans tous les objets et expériences convoités. Ce que l'on cherche toute sa vie, c'est en réalité le retour à la Source. Le bonheur ultime – l'Absolu, l'Amour, la Totalité – est cela même qui nous pousse à le chercher, cela même qui nous cherche. La vie est un boomerang : **ce que l'on cherche, c'est le chercheur lui-même,** comme le disent Jean Klein et Nisargadatta.

Le bonheur (comme l'amour), c'est être un, c'est cesser d'être déchiré, c'est retrouver l'unité qui est notre état originel, notre base de lancement, notre chez-soi. C'est être complètement ré-unifié. «Lorsque vous ferez de deux un seul, vous entrerez dans le Royaume», dit l'évangile de Thomas.

Être un avec soi, le corps, le vécu, l'environnement. C'est le retour du fils débauché et dépensier qui, rentrant en lui-même, revient à sa source, à son origine, à ce dont il était séparé. «Le père et moi sommes un.» C'est la déchirure refaite à neuf, c'est la robe qui est de nouveau sans couture. L'unité d'origine, ce que dans la deuxième partie j'appellerai la contemplation.

Pendant longtemps, on essaie de rattraper le bonheur par des miettes, croyant qu'il est une accumulation de choses, de liens, de sécurités qui nous reportent toujours vers une autre étape. La quête du bonneur est perçue comme une course hippique ou olympique, comme une loterie : il ne peut y avoir qu'un gagnant, qu'une médaille d'or. Le bonheur, ça se gagne contre la vie. Cela confirme l'idée d'un progrès indéfini, d'une abondance progressive, d'une escalade sociale jusqu'à ce que l'on arrive au sommet; le bonheur, c'est être au-dessus du tas, *making it,* c'est gagner le «pognon».

Le bonheur pour tous?

Ce n'est donc pas vrai, selon cette conception, que tous peuvent y accéder. Une contradiction est au cœur même de la démocratie où tous ont censément «les mêmes droits» au bonheur, «les mêmes chances» de l'atteindre, alors qu'il n'y a réellement qu'une poignée qui y parvient et qui peut, en toute éventualité, y parvenir. (Les citoyens sont considérés comme ayant tous les mêmes droits devant la vie, mais cette vision est théorique et idéale; dans la pratique, tous sont inégaux même devant la loi : si vous êtes riche ou puissant, vous serez traité différemment, vous n'êtes déjà plus «comme tout le monde».)

Si, au contraire, on voyait le bonheur dans le simple contentement d'être, dans la reconnaissance et l'émerveillement d'être vivant et relié dans son corps à une nature si belle et si variée, si l'on concevait le bonheur comme l'accord avec soi-même, comme l'amour embrassant la vie et son propre vécu, on connaîtrait le bonheur comme sa condition fondamentale. On découvrirait que l'on ne peut **atteindre** le bonheur, qu'on ne peut que **l'être.**

Mais il faut beaucoup d'humilité pour connaître le bonheur.

Il y a 2 500 ans, les taoïstes reconnaissaient, avec une sagesse que nous n'avons même pas encore soupçonnée, que l'humain est heureux «lorsqu'il est content de ce qu'il est et de ce qu'il a». C'est ici que l'on saisit un peu mieux pourquoi l'Inde classique était perçue par tous les chroniqueurs étrangers de l'époque comme un exemple de bonheur, d'abondance et d'équilibre. On y acceptait son état, son destin, son lot. Dans ce pays qui fut un berceau de la sagesse universelle, chacun devait accepter sa place, son rôle, son dévolu sans vouloir accéder à un autre niveau qui ne lui conviendrait pas et qui ne ferait qu'exacerber ses passions, son envie, sa cupidité. Ce rôle, ce destin était voulu par la Vie, par Brahman, par cette vaste Conscience contenant le monde. Tout ce qui arrivait à chacun était nécessaire à ce destin voulu par le Divin. Et c'est dans la situation où la Vie avait placé chaque individu qu'il pouvait trouver ce qui lui fallait pour évoluer sans avoir à sortir de son rôle ou de sa condition.

Ainsi, alors que sur un plan extérieur et horizontal, la stabilité, l'ordre et la sécurité des rôles et fonctions étaient maintenus, en revanche, au plan vertical de l'esprit, l'être pouvait et devait parcourir toutes les étapes de la connaissance, de l'épanouissement et de la liberté tout en restant à l'intérieur du destin qui lui était dévolu.

Alors qu'aujourd'hui, dans nos sociétés, tout est éclaté, presque tout est permis, tout est mélangé et confus : les rôles, la place que l'on doit tenir, le sens de sa contribution, le sens de son destin, la distribution des droits et devoirs, les rapports entre sexes et personnes, entre autorité et individu, entre ensemble et partie. On ne se sent obligé à rien; on ne voit pas pourquoi on ne ferait pas tout ce que suggèrent le caprice, le désir, l'avidité; on ne voit aucune raison de respecter un ordre établi ou une autorité quelconque. Le plan extérieur et horizontal des rôles et fonctions est dans une telle confusion, un tel état de permissivité et de promiscuité, que le plan vertical de l'esprit – la possibilité de connaître l'Éveil, l'ouverture totale, le Bonheur tant cherché – est complètement compromis.

Le droit au gagne-pain

Il existe un droit qui n'est pas comme tel biologique (c'est-à-dire essentiellement incorporé à l'organisme), mais que je placerais en relation étroite avec les besoins biologiques, puisqu'il assure les conditions de la vie. Il s'agit du droit au travail, au gagne-pain. Pour assurer le pain et le toit dans une société compartimentée comme la nôtre, on doit avoir un emploi, son emploi. Ce qui n'était pas le cas dans les sociétés de naguère (indigènes, peuples premiers ou retirés comme les peuplades d'Amazonie, d'Océanie ou de Nouvelle-Zélande) où les chasseurs et cueilleurs travaillaient lorsque nécessaire et uniquement pour satisfaire les besoins essentiels, le plus clair de leur temps étant consacré aux loisirs, aux joies de la famille, à la musique et aux contes.

Toutefois, avoir un gagne-pain ne veut pas dire qu'on a droit à une sécurité d'emploi, d'autant plus que cela semble de moins en moins possible aujourd'hui. Une sécurité d'emploi est un ajout qui dépend de la stabilité économique d'une société. On peut être employé, être son propre patron ou occuper son temps sans être d'aucune façon embauché; cela reste dans le domaine du nécessaire, alors que le fait de réclamer une sécurité d'emploi entre dans le superflu. Sans compter que tout d'abord il n'y a pas de sécurité dans la vie, aujourd'hui moins que jamais. Ce qu'on réclame, c'est un «coussin» qui permet de ne pas trop s'en faire et de se la couler douce; des sentiments propres aux sociétés qui vivent dans l'abondance, qui ne connaissent plus les duretés de la vie (le niveau des besoins biologiques) et qui peuvent se permettre de couvrir l'impermanence radicale de toute chose d'un voile de stabilité, d'un semblant de sécurité.

Mais on n'a pas un droit inné à ce qui est superflu, seulement à ce qui est nécessaire.

Les autres droits sont justement... superflus, c'est-à-dire qu'ils surgissent d'un contexte d'abondance, de surabondance et d'individualisme effréné. Tels sont par exemple les droits :

- à la différence (marginalité)
- à la santé
- à l'éducation
- à la sécurité sociale (l'assurance-maladie)
- à l'expression de soi en public
- à la libre disposition de son corps
- à l'information.

Le droit à la différence

Ce n'est pas un **droit,** car la différence est un **fait** universellement reconnaissable pour qui se donne la peine de regarder et d'être à l'écoute. Tout est différent dans le temps et l'espace, où la diversité – la relative différence de toutes choses – est absolue. Il n'y a pas deux entités identiques, pas même deux feuilles identiques sur un même arbre! Le fait d'être différents **dégénère** en droit lorsqu'il n'est pas reconnu comme une condition naturelle et universelle, c'est-à-dire lorsqu'un pouvoir coercitif ou une société aux opinions attardées se permettent de décider à la place de la Vie et, croyant en savoir plus qu'elle, lui imposent leurs vues étriquées.

Le droit à la santé

La santé est une condition naturelle du corps lorsqu'il lui est permis de suivre ses lois et qu'il n'y a pas, à la naissance, d'organes ou de fonctions en désordre. On réclame un droit à la santé comme si cela pouvait être octroyé par le pouvoir, la société ou même le corps médical. Même la médecine ne peut empêcher les maladies, surtout les épidémies, ni les conditionnements héréditaires ou les défectuosités naturelles. Ce que l'on veut dire par un «droit à la santé», c'est qu'on aurait libre accès à des services de santé. Or, ces services dépendent de l'économie d'un pays et ne peuvent être exigés de façon absolue. Du reste, ils sont loin d'exister chez la plupart des humains chez qui l'hygiène même élémentaire n'est pas encore acquise ou assurée.

Le droit à l'éducation

Les petits enfants, lorsque les parents s'en occupent vraiment, reçoivent des soins continus, de la tendresse et une écoute attentive, ce qui est de fait la meilleure éducation possible. Cette **continuité des rapports** dont j'ai déjà parlé, unie à **une exigence bienveillante,** est la meilleure préparation à la vie. Lorsque l'enfant quitte le giron maternel pour l'école, il a une assiette suffisante pour construire une autonomie et une solide confiance en soi.

L'éducation scolaire – l'instruction académique – ne fait qu'ajouter des connaissances mentales qui ne touchent pas la première éducation et souvent n'y renvoient aucunement; ce qui est un grand dommage pour l'intégration des émotions et du vécu. Dans les systèmes d'éducation occidentaux, on fabrique des «têtes bien pleines» où les liens entre les choses, la connaissance approfondie de soi-même, les questions existentielles sont sacrifiés à des connaissances «objectives», «scientifiques», «sûres» et «pratiques».

Si l'on veut avoir un droit à ce genre d'éducation, on peut bien le revendiquer. Mais je trouve que les élèves feraient mieux de s'occuper de choses physiques et sensorielles plutôt qu'intellectuelles — de leur sensibilité et de leur capacité d'écoute, de leurs qualités de cœur. Car l'intellect ne fait qu'élargir la déchirure intérieure et n'offre rien pour la guérir.

Les étudiants qui chahutent pour une scolarité gratuite sont des enfants gâtés qui viennent surtout de milieux favorisés. Ayant toujours eu tout cuit à l'avance sans même avoir eu à lever le petit doigt, on ne s'étonne pas qu'ils veuillent aussi qu'on leur donne l'éducation sans avoir à débourser de leur côté, sans avoir à fournir un effort de leur part pour combler l'équation entre donner et recevoir.

L'éducation des jeunes qui ne sont plus dans le giron de leurs parents et qui rencontrent le monde au-delà de leur enfance et de leur foyer, doit être non pas un **dû,** mais un **devoir,** une collaboration responsable au fardeau porté par l'ensemble. Cette responsabilité revient à la jeunesse si elle veut vraiment conquérir son autonomie, apprendre la nécessité de l'effort, découvrir le coût de la vie, mais surtout pour affronter cette vie sous tous ses aspects, désagréables autant qu'agréables. Le pire service que l'on peut rendre aux jeunes, c'est de vouloir leur épargner cet acte de responsabilté. Ils doivent apprendre que tout ne nous arrive pas tout cuit dans la bouche, qu'il faut soi-même procéder à la cueillette et à la cuisson...

Le droit à la sécurité sociale

Le droit à la sécurité sociale (qui peut inclure l'assurance-maladie et l'aide aux vieillards), le droit à un niveau de vie convenable, à l'oisiveté volontaire (le droit de travailler quand on le veut), le droit aux allocations prénatales et familiales, aux loisirs, à des services gratuits en tous domaines, voilà autant de droits qui dépendent de la générosité d'une société, c'est-à-dire de son niveau de prospérité. Car ces droits appartiennent à une société d'abondance, que du reste la plupart des humains d'aujourd'hui ne peuvent même pas rêver d'atteindre. Ce sont encore une fois des droits de luxe, donc des non-droits. Ils sont nés de la confusion entre **ce que la vie donne** et **ce qu'elle nous doit,** confusion que l'on trouve dans les désirs psychologiques pris pour des besoins biologiques.

Le droit à l'expression

Le droit à l'expression de soi en public, à la libre disposition de son corps, le droit des handicapés, des vieillards, des malades, des mourants et des minorités sont autant de privilèges qui appartiennent tout naturellement à l'être humain sans qu'il y ait à quémander quoi que ce soit. Seule une société répressive ou insensible – surtout si elle est suffisamment développée et prospère – pourrait refuser de respecter ces données naturelles, obligeant donc à en faire des **droits** qu'il faut alors réclamer et défendre.

Le droit de fumer

Quant au droit à l'usage du tabac en public, c'est une question de tolérance sociale, de raffinement des sens et d'ajustement mutuel. La pression pour légaliser les drogues est légitime, si l'on se rappelle que la loi de Prohibition américaine à l'ère d'Al Capone s'est avérée un échec total devant le constat que l'on ne peut, au nom de la loi, obliger quelqu'un à rester sobre. Mais c'est une leçon que l'on n'a pas voulu retenir lorsqu'une nouvelle drogue – la «mari» – a commencé à circuler. À cause de cela, il se peut fort bien qu'en ce qui concerne les drogues, on ait simplement manqué le bateau et que tout cet acharnement à vouloir les contrôler soit désormais inutile, même complètement nocif. Du reste, tout le monde est plus ou moins drogué par les somnifères, les tranquillisants, le café, le tabac et, maintenant, la mari, le haschich, l'héroïne, la cocaïne, l'opium, les champignons hallucinogènes, le L.S.D., le crack, etc. qui ont envahi presque toutes les couches de la société, même les classes bien-pensantes (ou faudrait-il dire bien-mentantes?).

Le droit de disposer de son corps

Il reste les droits non encore reconnus par tous, mais qui touchent tout le monde : le droit à l'euthanasie, à l'avortement, au suicide assisté; le droit également à ne plus souffrir. Pour moi, la Vie est ce qu'il y a de plus sacré, ce qui ne nous appartient pas, ce qui est un don pur et absolu et que l'humain ne peut ni inventer ni comprendre. Cette vision est évidemment incompatible avec une justification de ces droits. Cependant, du fait que se perdent de plus en plus le respect et le sens de la vie, et surtout les valeurs spirituelles, il faudra s'attendre à ce que la société suive graduellement cette pente. Cela pourtant ne signifiera pas que la vie nous appartient désormais (c'est-à-dire depuis que notre technologie nous permet de tout oser) ou qu'à cause de cela rien ne sera plus sacré à part notre plaisir, notre volonté propre et notre refus absolu de toute frustration et de toute souffrance. Au contraire, cela voudra tout simplement dire que le Moi et son tissu d'illusions emprisonnera de plus en plus la conscience sociale au point qu'elle ne pourra plus avoir une juste perspective sur les choses. Ce sera là un des signes d'une déliquescence et d'une détérioration sans retour.

Le droit de ne plus souffrir

Qu'aujourd'hui l'on conçoive la possibilité même de réclamer un «droit à ne plus souffrir» me paraît symptomatique de ce déclin de générosité, de reconnaissance et de grandeur d'esprit qui marque notre époque. Aujourd'hui, la médecine dispose généralement de moyens pour empêcher les douleurs insoutenables. Là n'est pas la question. Ce qui est en jeu, c'est la conception de la vie; c'est-à-dire qu'aujourd'hui, le plaisir individuel est le critère d'une vie heureuse et réussie, d'une vie qui vaudrait (encore) la peine d'être vécue. Sans plaisir, sans la capacité de faire sa volonté, sans un corps dont on disposerait librement, sans la possibilité de poser les gestes que l'on s'était habitué à poser et sans lesquels on se croirait incapable de continuer, la vie va apparaître comme invivable, vide de sens, impossible à accepter. Dans cette perspective, c'est la volonté du Moi qui seule peut donner sens à tout ou, comme le dit Robert Coles, cité dans le titre de cette première partie, «Le Moi est la seule réalité».

En voulant à tout prix enlever à la vie toute souffrance ou refuser ce qu'elle contient de pénible, on la prive d'un des moyens les plus importants de croître et de mûrir. Une telle vision des choses n'est pas en harmonie avec l'univers; c'est une perspective qui boite, qui ne voit que la surface des choses, qu'un pôle de la réalité. C'est un regard enfantin ou adolescent. Car être humain, c'est souffrir, du seul fait que l'on est emprisonné dans ses illusions et insensible à sa vraie dimension. Vivre dans l'illusion d'un moi, c'est souffrir. Désirer, attendre, espérer signifient que l'on n'a pas ce que l'on cherche et cela aussi, c'est de la souffrance. Tout le monde souffre et rien ni personne de l'extérieur ne peut alléger cette souffrance aussi longtemps que l'individu n'a pas dit oui à sa vie, pas un oui à contre cœur, mais un oui qui est en réalité un acte de gratitude. Le Bouddha ne mâchait pas ses mots : «Tout est souffrance : le fait d'être avec ce que l'on n'aime pas est souffrance; et le fait d'être séparé de ce que l'on aime est également de la souffrance.» Est-il même quelqu'un qui n'expérimente pas ce déchirement, s'il est vraiment humain et s'il vit à fond sa vie? C'est la maturité d'une personne qui lui fait voir cette vérité en face et c'est la Grâce de la Vie qui lui permet de l'accepter, d'y entrer pleinement pour découvrir, à travers cette vérité primordiale, la liberté, la paix et la joie. La vraie liberté qui permet de **traverser** les choses au lieu de les **fuir.**

Le droit à l'information

Le droit du public à l'information découle du droit des médias à être informé et à publier cette information. L'ère moderne est obsédée par la volonté et l'obligation de tout connaître, d'être à l'affût de tout ce qui se passe dans le monde, d'être au courant, dans le feu de l'action, d'être là au moment où ça arrive. Le *scoop* le plus convoité, c'est de pouvoir assister à un meurtre ou à un suicide «live». On croit que la réalité c'est ce qui se passe sous nos yeux, qu'elle est encore plus réelle lorsqu'elle passe par la télé ou, bientôt, par l'espace virtuel. **Mais on ne se voit plus, on est avalé par l'image.**

Le droit à l'information est une grande fumisterie, tout comme l'information elle-même qui ne renseigne même pas sur les apparences, puisque même celles-ci sont truquées du fait qu'il y a montage, éclairage, commentaires. **On n'est jamais autant en dehors du fait que lorsqu'on se croit en dedans.** La prétention d'être informé est un des grands leurres de l'époque qui se voit comme essentiellement renseignée, informatisée, une époque où on croit être en relation plus profonde que jamais avec les gens et la vie parce qu'il y a de plus en plus de moyens de faire circuler des papiers, des chiffres, des données, des dossiers secrets, des événements. **Le bruit de la communication étouffe le silence des relations vraies, des rencontres profondes.**

Ces services sont dus à l'avance spectaculaire de la technologie des communications. Mais on n'a pas besoin de savoir tout ce qui se passe dans tous les coins du monde, à chaque instant du jour et de la nuit, pour avoir de la compassion pour les humains...

L'information est finalement inutile en ce qu'elle n'unit pas davantage l'humanité. Elle fait simplement multiplier les «bits». Non seulement on n'a pas un droit réel de savoir tout cela, mais on n'en a strictement pas un besoin authentique.

Le droit de posséder une arme

La vie n'appartient à personne, mais chaque personne appartient à la Vie. Si, comme nous le verrons en deuxième partie, la personne n'existe même pas, que penserait-on défendre ou détruire en utilisant une arme? Et, s'il n'y a pas de moi, qu'est-ce qui tue?

La prolifération des armes est en soit indifférente. Mais leur utilisation est directement reliée à leur prolifération. En effet, un individu ne prendrait pas facilement une arme aussi mortelle qu'un fusil si celui-ci n'était à portée de main. Bien sûr que l'on peut toujours prendre un couteau de cuisine. Mais alors que le couteau peut avoir plusieurs utilités, l'arme à feu ne sert qu'à tuer ou détruire : on ne s'en sert pas pour brasser le potage. Toutes les armes à feu ont été inventées expressément pour se défendre tout d'abord, mais finalement, on s'en sert pour tuer.

Si la défense de sa personne et de sa famille est perçue comme essentielle, on rendra les pistolets et fusils facilement disponibles. Aux États-Unis seulement, il y a quelque 220 millions d'armes à feu, une pour chaque Américain. Mais comme on ne peut empêcher quelqu'un de s'enivrer ou de devenir alcoolique, on ne peut non plus empêcher l'être humain de s'armer. Cependant, on peut se demander si cette prolifération n'est pas directement liée à l'escalade à la fois de l'individualisme et de la production/consommation? La possession quasi universelle des armes serait-elle un autre effet désastreux et inévitable de la démocratie? Serait-ce là le niveau de vie élevé que l'on voudrait voir adopté par le monde entier? De toute façon, **cette multiplication d'armes qui est causée par la peur en chacun de nous est, à son tour, la cause d'une peur de plus en plus répandue chez les humains.** La peur se crée toujours des armes de peur, elle enfante toujours de la peur comme la violence, aussi longtemps qu'elles n'ont pas été accueillies sans jugement, sans désir de les détruire.

Droits sans devoirs[1]

Il y a enfin les droits sans devoirs, c'est-à-dire les faux droits, les non-droits. Les lois d'une société moderne ne reconnaissent des

1. Selon Bill Ninacs, «les compagnies et coopératives, par le fait même qu'elles sont incorporées, ont une responsabilité limitée qui déresponsabilise les employés; simultanément, ce qui est incorporé est considéré comme une personne morale, c'est-à-dire une entité qui a des droits aux niveaux civils, etc., mais **aucun devoir** ou responsabilité sociale (autre que fiscale)».

droits qu'aux citoyens ayant la capacité de participer activement au processus démocratique par les contributions fiscales, le vote, le partage des tâches communautaires. Elles reconnaissent également les citoyens qui sont passibles d'amendes et de sanctions lorsque leurs devoirs de base (respect des droits d'autrui, moralité, convenance) ne sont pas honorés. Cela exclut les enfants, les animaux et la nature. Tels sont les non-droits suivants :

- droits des enfants (Direction de la Protection de la Jeunesse ou son équivalent)
- droits des animaux
- droits des plantes
- droits de la terre, des eaux, de l'air.

Ces droits n'existent pas, puisque les sujets de ces droits ne peuvent assumer des devoirs équivalents, n'étant pas des personnes (ni physiques ni morales) au sens plein du terme. Lorsqu'on parle de droits des enfants ou de la nature, ce que l'on entend, en réalité, ce sont les DEVOIRS des responsables à leur égard, c'est-à-dire des «personnes» telles que reconnues par la loi. Les parents adultes sont responsables de leurs enfants et ceux-ci n'ont pas ce qu'il faut comme perspective et comme expérience pour juger de la validité d'un geste posé par les parents. Or, on voudrait aujourd'hui reconnaître que l'enfant a le droit de recourir à la Direction de la Protection de la Jeunesse (ou à son équivalent) lorsqu'il trouve ses parents sévères. Ce n'est pas parce que des enfants de 11-12 ans savent déjà forniquer qu'ils ont du jugement, du caractère et un sens des responsabilités! C'est un renversement dans l'ordre des choses. La manie de vouloir tout niveler irait-elle jusqu'à vouloir installer l'enfant à la place des parents?

Les élèves n'ont pas davantage la capacité de juger de la compétence de leurs professeurs. Dans beaucoup de classes, les enseignants et enseignantes s'écrasent pour accommoder les élèves, pour ne pas les confronter, les discipliner ou leur imposer des devoirs et leçons; tout cela par peur d'être rejetés, par besoin infantile d'être approuvés. Les professeurs iront même jusqu'à demander aux jeunes élèves ce qu'ils pensent de leur enseignement, comme si cela les regardait. On a tellement nivelé les valeurs que l'on n'en a justement plus. On croit que pour être certain de ne pas imposer ses opinions, on doit déclarer que toute opinion est également bonne, qu'il n'y a pas de valeurs supérieures, d'actes meilleurs que d'autres, de vision du monde plus valable qu'une autre et que, par conséquent, un jeune élève en a autant à dire sur un enseignement qu'il ne connaît pas du tout que quelqu'un qui y aurait consacré sa vie!

Il y a, de la part de la classe enseignante, une démission devant ses devoirs et, par conséquent, une inconscience de ses droits. Les droits les plus évidents d'un prof, c'est d'avoir l'appui de ses supérieurs et des parents, de pouvoir exercer son autorité sur ses élèves, d'avoir la liberté d'enseigner à sa façon, de créer parmi ses élèves une atmosphère de communication, mais aussi d'exigence.

Parmi les autres droits sans devoirs que l'on peut considérer, il y a les suivants :

- le droit à des eaux pures
- à l'air pur (absence de pollution)
- à des aires de silence
- à des aires de verdure.

Ces droits sont réclamés surtout par des citadins, mais ce sont des «droits» de caprice, des réclamations d'enfants gâtés. Il est très facile d'exiger que les gouvernements ou «les autres» s'occupent d'épurer les lacs, les rivières et même la mer, alors qu'on ne se gêne pas pour polluer à sa guise. Ce genre de clameurs vient surtout des pollueurs les plus effrontés et inconscients. Cependant, il ne faudrait pas croire que ce sont seulement des individus qui agissent ainsi, ce sont également et surtout, des compagnies, des usines, des restaurants et des hôtels.

Il y a du reste une responsabilité – un devoir – de la part des citoyens à l'égard de ces usines qui polluent l'air respiré par les gens, ainsi que l'air des forêts et les cours d'eau. De nombreux employés qui ne veulent pas «mordre la main qui les nourrit» refusent de critiquer l'usine qui les fait vivre... en faisant mourir les rivières.

Le sens des hiérarchies

Mais pour revenir aux fameux droits des animaux, des plantes et de la nature environnante, il faudrait se poser de sérieuses questions sur le sens des valeurs, le sens des hiérarchies que manifeste une telle clameur. Des gens célèbres ont fait campagne contre le mauvais traitement et l'abandon des animaux. Cela est juste. Mais que l'on veuille placer le souci des animaux – de **certains** animaux, remarquez bien – au-dessus de celui des humains, des enfants, en particulier, cela dépasse l'entendement. On a vraiment perdu le sens de la hiérarchie. Pour la mentalité actuelle où une chose en vaut une autre, c'est-à-dire où rien n'a plus réellement de valeur sauf «mon bien-être», les animaux valent bien les humains. Mais s'il est vrai que tous les êtres forment une seule chaîne de vivants, une seule famille, une seule unité, il y a cependant des entités qui, bien qu'elles soient plus fondamentales à la vie, puisqu'elles se trouvent dans tous les vivants – comme les atomes, les unicellulaires, les molécules – sont moins compréhensives, profondes et créatrices que les espèces plus évoluées. Ainsi, les organismes d'une complexité croissante – depuis les planctons jusqu'aux mammifères – manifestent-ils une plus grande inclusion, des capacités de conscience et de créativité qui dépassent infiniment celles des briques constitutives – les *building blocks* – de l'univers. Comme le dit Wilber, **les grands organismes intelligents englobent et contiennent les atomes et autres micro-proto-entités, alors que ceux-ci en revanche ne contiennent pas les premiers.**

Il y a du plus et du moins dans la nature des choses, des holons seniors et d'autres qui sont juniors. Il n'y a rien à faire, c'est ainsi que fonctionnent la nature et la vie. Mais, entendons-nous bien, cela ne veut en aucune façon signifier que tous les êtres, de quelque niveau qu'ils soient, ne sont pas constamment et irrémédiablement interreliés les uns aux autres. Il peut, en effet, y avoir hiérarchie et cependant différence de rôle et d'importance fonctionnelle. C'est un peu comme dans un corps où tous les organes se nécessitent les uns les autres et où, toutefois, plus d'importance est donnée au cœur et aux poumons qu'à l'appendice ou au doigt.

Il existe donc une hiérarchie entre les espèces animales «inférieures» (c'est-à-dire moins complexes) et les autres «supérieures» (plus complexes, plus créatrices, plus conscientes). Les humains ne sont pas «meilleurs» que les animaux, mais ils ont une capacité d'évolution intérieure, de conscience et d'éveil qui dépasse tout ce qui existe dans la création. Cela, bien sûr, ne veut pas dire non plus que tous les humains accèdent à cette qualité supérieure d'être, peu s'en faut. Mais la possibilité est là alors qu'elle n'y est pas dans les autres espèces même si on leur apprend l'alphabet ou quelque langage. Car ce n'est pas le fait de parler ou de penser qui constitue la grandeur de l'humain ou qui indique son état le plus achevé, c'est sa capacité d'aller au-delà de la pensée et du langage, vers la Conscience libérée que jamais un animal ne peut connaître. (Pour comparer l'Animal et l'Homme, il faut prendre ce qui en chacun est le plus évolué et non pas comparer l'homme bestial à un animal intelligent. Il suffit de rencontrer ou de connaître un ou deux sages authentiques comme ceux qui sont présentés en deuxième partie, pour voir clairement qu'il existe **une hiérarchie même chez les humains :** des êtres supérieurement évolués et complètement libérés de leurs passions et désirs. La hiérarchie est un fait et toutes les récriminations et négations n'y changeront rien.)

Certains animaux «privilégiés»

Du reste, comme je l'ai fait remarquer, ce ne sont pas tous les vivants non humains que les défenseurs de la nature veulent sauver ou protéger. Ils privilégient certaines espèces, c'est-à-dire qu'ils ont un regard injuste et intéressé vis-à-vis de l'ensemble des vivants appartenant aux espèces «inférieures». En effet, si on reconnaît aux phoques, aux baleines, aux aigles et autres espèces «nobles» le droit d'exister, que fait-on alors des autres espèces «laides», «dégoûtantes» et «répugnantes»? Une société de classes existerait-elle chez les animaux et les oiseaux, chez les habitants des mers et les insectes?

Ah, mais vous allez me dire : «Ça ne va pas, vous êtes en pleine contradiction, monsieur l'écrivain; vous dites qu'il y a une hiérarchie, ensuite vous condamnez ceux qui privilégient certaines espèces. Faudrait être logique, tout de même!» Eh bien, non, il n'y a pas de contradiction. La hiérarchie existe : les humains ne sont pas du même niveau que tous les autres vivants. Mais c'est justement à cause de leur situation qu'ils ont une responsabilité que n'ont pas les autres espèces et que leur devoir est de s'assurer que tous les vivants seront respectés, qu'ils pourront vivre en paix et proliférer. J'en conviens, la supériorité de l'être humain a été très mal comprise par celui-ci. Il s'est vu dans un rôle de tyran, de dominateur, de prédateur, de destructeur, agissant comme un adolescent qui ne reconnaît que ses privilèges et néglige complètement ses obligations. **L'humain n'est humain que s'il est responsable, tolérant, compatissant, soucieux des faibles et des démunis, c'est-à-dire que s'il reconnaît ses devoirs autant qu'il réclame ses droits.** Souvent même, la religion enseignait que l'être humain était maître de l'univers et qu'il pouvait se servir comme il l'entendait. Non pas. **Il est un intendant, un lieutenant de Dieu et il doit voir à ce que les animaux qu'on lui confie soient traités avec amour ou au moins avec respect. Par conséquent, il ne doit pas sans raison tuer les vivants et il ne doit pas non plus chasser sans une nécessité incontournable.**

Pour revenir à la façon dont les défenseurs de la nature favorisent certaines espèces aux dépens des autres, que dit-on des pigeons qui salissent, des rats, des souris, des «coquerelles», des chauve-souris, des sauterelles, des puces et des poux, des moustiques et des mouches, des microbes et des virus? N'ont-ils pas, eux aussi, à l'égal des animaux nobles, un droit à l'existence? Les mauvaises herbes ne sont-elles pas aussi nobles que les fleurs (ou les pissenlits de madame B. B.)? Pourquoi tuer un moustique ou une guêpe qui s'acharne à nous piquer? On se désâme pour protéger les espèces «en voie d'extinction», mais on ne se gêne pas pour tuer tout ce qui déplaît, dérange et nuit à son plaisir. On serait même content de voir ces espèces-là en «voie d'extinction».

Du même coup, doit-on cesser de tuer des animaux pour leur fourrure et condamner cette pratique à hauts cris tout en se promenant avec ceintures et chaussures de cuir? (Le cuir serait-il autre chose que la peau de l'animal?) C'est là qu'on voit que, même en ce qui regarde les droits des espèces vivantes non humaines, on ramène toujours les critères au niveau de son propre intérêt, de son petit bonheur privé. Il est difficile de laisser à tous les êtres leur place, on préfère les forcer dans le gabarit de ses caprices, préjugés et croyances. Mais **l'être humain est en charge de toutes les espèces.** Il n'est pas là pour en détruire ou en conserver selon son bon plaisir : ce sont toutes les espèces sans distinction qu'il doit considérer. Les espèces animales et autres n'ont pas en tant que telles de droits, mais elles sont en vie et la vie est une donnée primordiale qui doit être respectée. **L'humain a donc le devoir de protéger toutes les espèces, un devoir qui est une de ses responsabilités majeures et qui vient de son appartenance à la famille des vivants.**

On pourrait donc en conclusion affirmer d'une part, un DROIT chez l'humain à l'autodéfense **vis-à-vis de ce qui le menace de près, tout comme le manifeste le système immunitaire qui tue les microbes et les virus et, d'autre part, affirmer que l'humain a le DEVOIR de maintenir en vie tous les autres vivants qui ne le menacent pas de près.**

L'Homme crée le désordre

On a oublié que ce ne sont pas les espèces animales qui, par elles-mêmes, prolifèrent (comme dans le cas des sauterelles et autres insectes qui se multiplient davantage après le passage des insecticides). C'est toujours l'intervention indue de l'Homme qui crée un désordre. Laissés à eux-mêmes, les animaux s'entendent très bien pour maintenir les cycles de la vie et l'harmonie entre les espèces. C'est plutôt l'Homme qui devrait se régler, s'harmoniser, s'intégrer dans l'ensemble des vivants, y trouver sa place et s'y maintenir. L'être humain devrait se discipliner : il a oublié qu'il y avait déjà trop de monde – c'est-à-dire, trop de pauvres, trop d'enfants délaissés et sacrifiés, trop de misère, d'ignorance et d'intolérance – pour que l'on mette ses soucis, ses caprices ou ses préférences en première place. Le mal dont nous souffrons est une maladie de riches et de privilégiés. Et la richesse, comme la satisfaction de ses caprices, rend facilement insensible, égoïste et destructeur.

«Il est indécent, écrit le juriste-philosophe François Ost, de parler d'autant de revendications, alors que plus de la moitié du monde n'en est même pas aux nécessités fondamentales (ce que j'appelle les besoins biologiques)... Comme si notre civilisation n'était pas basée sur une sorte d'injustice énorme à l'égard de la majorité des gens de la planète. Il faudrait s'interroger sur le sort des 3 ou 4 milliards d'habitants du globe à l'égard desquels il est presque indécent de parler de droits de l'Homme, tellement leur sort ne résulte pas du hasard, mais de l'injustice des rapports économiques entre le Nord et le Sud.» (*La nature hors-la-loi*)

Les droits de l'Homme devraient plutôt s'appeler les droits du monde industrialisé, des riches, des gens repus qui s'amusent à satisfaire leurs caprices tout en se plaignant que le monde soit si laid et qu'il aille si mal! Karl Marx n'y allait pas de main morte lorsqu'il écrivait le texte suivant : «Aucun des prétendus droits de l'homme ne dépasse donc l'homme égoïste, l'homme en tant que membre de la société bourgeoise, c'est-à-dire un individu préoccupé de son intérêt personnel et obéissant à son arbitraire privé... La société apparaît comme un cadre extérieur à l'individu, comme une limitation de son indépendance originelle. Le seul lien qui les unisse, c'est la nécessité naturelle, le besoin et l'intérêt privés, la conservation de leurs propriétés et de leur personne égoïste.» (*La question juive,* éd. U.G.E., Coll. 10/18, 1968, p. 39)

3

IRRESPONSABILITÉ

L'individualisme est d'origine démocratique et il menace de se développer à mesure que les conditions s'égalisent... La démocratie ramène chaque homme sans cesse vers lui seul et le menace de le renfermer enfin tout entier dans la solitude de son propre cœur. (Alexis de Tocqueville, *La démocratie en Amérique,* tome II, pp.125-127, Paris, Garnier-Flammarion, 1981)

Le sens du «nous»

Tous les holons, disait Wilber, ont des droits qui expriment les conditions nécessaires pour que le holon demeure entier, intégré. C'est ce que j'ai exprimé en disant que chaque organisme contient au préalable ses propres conditions de bon fonctionnement et de survie. Seulement, je ne les ai pas appelés des droits, mais des conditions essentielles. Ces supposés «droits» favorisent une société centrée sur le moi, une société justement appelée narcissique, selon le philosophe américain Christopher Lasch. Et, de fait, les droits sont devenus excessifs, tous azimuts.

Dans la société, il n'y a un «nous» collectif que dans la mesure où il y a des «moi» individuels : le nous est la face «devoirs» de la médaille, alors que les «moi» forment la face «droits». Mais, inversement, dans la société, il ne peut y avoir de «moi» individuels que dans la mesure où ils s'inscrivent dans un «nous» collectif, c'est-à-dire que personne ne peut complètement se passer d'une certaine communication, d'une certaine appartenance. Et c'est là que le bât blesse.

Responsabilité = maturité = autonomie

En effet, c'est lorsque l'individu est devenu vraiment autonome et non plus dépendant qu'il peut se tourner vers les autres, exprimant spontanément sa dimension sociale. Cela semble contradictoire, mais c'est un fait que, dans la mesure où on est dépendant des autres, on ne peut vraiment prendre vis-à-vis d'eux ses véritables responsabilités qui sont nécessairement liées à une certaine liberté. Or, on a nettement l'impression que la démocratie a rendu les gens plus dépendants et infantiles, alors qu'elle devait faire le contraire.

«Chacun le reconnaît lorsque ses droits, réels ou fictifs, sont violés, mais personne n'est sensible à ses responsabilités», reconnaissait déjà au siècle dernier l'écrivain américain James Finnemore Cooper. Le devoir – le sens de la responsabilité, de l'appartenance, le côté «liant» des organismes vivants entre eux – vient du sens d'un NOUS, alors que les droits viennent du sens d'un MOI, de ce qui «sépare» de l'ensemble.

Toutefois, si les deux aspects du holon sont inséparables, comme on l'a vu, c'est l'aspect social qui est aujourd'hui en souffrance, le sens de l'oubli de soi, le sens de l'ensemble, de la capacité de sacrifier une partie pour un tout. On veut de moins en moins faire quoique ce soit pour la joie de l'autre, pour l'aider gratuitement; désormais, personne ne veut accepter de frustration ou de privation.

Le «nous» inéluctable et incontournable

Mais si nous regardons le holon individu/société comme un fait inéluctable, le côté «société» (c'est-à-dire «nous») sera ici le holon senior dont l'individu (le côté «moi») sera une partie, le holon junior. Et cela, même si nous avons reconnu que le holon social n'en est pas un vrai, mais une agglomération d'individus qui demeurent des individus. Car, il faut bien le reconnaître, le «nous» a priorité lorsqu'il s'agit de tout ce qui touche l'ensemble des individus : les causes communes, les programmes publics, les communications, les échanges commerciaux, la circulation, la vie congestionnée des villes, etc. C'est même l'individu le plus égocentrique qui exige que la société soit à son service, que l'ensemble le reconnaisse comme un être unique, comme une sorte d'absolu. Il a besoin de la société pour être connu et reconnu, comme la star qui a besoin de ses «fans» pour exister.

Selon le philosophe français Alain Echegoyen, le mot «responsabilité» résume ce qu'on entend aujourd'hui par une conscience morale, une conscience collective, un sens commun. À première vue, être responsable, c'est être capable de répondre de ses actes, mais c'est également savoir répondre à un appel. C'est même pour moi l'aspect primordial : ce n'est pas un appel venant nécessairement de la société, mais un pressentiment, une urgence intérieure, peut-être moins un appel qu'une poussée. On répond à l'invitation de la Vie qui est la source en amont de tous les organismes. Ainsi, la responsabilité s'éveille-t-elle à mesure que le cœur s'ouvre, que la sensibilité s'affine, que l'on devient capable d'entendre le vécu, d'écouter le silence de l'être, que l'on perçoit les liens qui nous rattachent à l'environnement, à ceux qui nous entourent. On se voit sur un fond qui nous prolonge et nous contient. **La responsabilité exprimerait donc tout d'abord la générosité spontanée de la Vie.**

Le devoir

Le mot «devoir», dont les vibrations rebutent l'oreille moderne, comprend l'idée de dette, de ce qui est dû. Mais personne ne veut entendre ce langage, auquel du reste nous reviendrons plus loin. «On a permis à l'individualisme (la prédominance des droits sur les devoirs) de devenir effréné, dit Robert N. Bellah. Même les engagements vis-à-vis des autres et de la communauté sont évalués en terme de leurs ristournes en gratification personnelle.» Déjà au siècle dernier, Tocqueville, après son séjour mémorable en Amérique, constatait que «l'individualisme affaiblit la signification même qui donne un contenu et une substance à la dignité de l'individu. L'individualisme semble produire une façon de vivre qui n'est viable ni individuellement ni socialement.»

Cependant, pour beaucoup d'Américains et d'Européens, abandonner l'individualisme serait l'équivalent d'abandonner «notre identité profonde». **«Le moi est la seule et principale forme de réalité»**, dit l'éducateur Robert Coles. Cette vision était déjà amorcée au XVIIe siècle par John Locke qui parlait «d'individualisme ontologique, l'individu précédant la société qui n'existe que lorsque et parce que des individus se rassemblent en vue de maximiser leurs intérêts personnels.» La société au service de soi.

L'individualisme, phénomène de jeunesse?

On pourrait croire que l'individualisme est avant tout un phénomène de jeunesse. Mais les adultes aussi bien que les jeunes sont aujourd'hui des adeptes du «plaisir pour soi», du «moi d'abord», de «la société à mon service». Si les adultes ne peuvent s'occuper adéquatement de leurs enfants et de l'éducation des jeunes, c'est justement parce qu'ils sont eux-mêmes préoccupés de leur propre cocon de bonheur, qu'ils sont à la poursuite d'émotions fortes, de jouissances, de confort et de sécurité, autant de choses que l'on associerait plutôt à l'adolescence et à la jeunesse. On le voit bien, du reste : le monde adulte est obsédé par la nécessité absolue de «rester jeune», au moyen de spas, régimes, produits de beauté, modes et cures rajeunissantes, lectures de magazines d'idoles. Les adultes d'aujourd'hui ont tendance à être tellement obnubilés par le besoin de fuir leur ennui et de jouir, qu'ils ne peuvent être vraiment sensibles à leurs enfants, étant eux-mêmes retenus dans les charmes du passé par leur dépendance affective et leur besoin d'être aimés. Ils veulent à tout prix retrouver «l'enfant en eux», comme le prêchent certains auteurs à la mode, alors qu'ils devraient peut-être trouver l'adulte en eux pour ne plus avoir besoin de vivre au passé.

Aussi, est-il tout à fait naturel d'entendre dire que «l'ingratitude des enfants fait moins scandale que l'indifférence des parents à leur égard», que «les devoirs envers les enfants sont aujourd'hui primordiaux», que «la famille est devenue une prothèse en fonction de l'individu», «un instrument d'accomplissement individuel», que finalement «il n'y a plus de mauvais enfants, rien que des mauvais parents.» (*Crépuscule des devoirs,* pp.167-172)

Mais, si on reconnaît ainsi que les parents sont fautifs et irresponsables, on reconnaît du même coup que «six Européens sur dix pensent que les enfants ont des devoirs envers leurs parents», «qu'il y a aujourd'hui de plus en plus de parents battus», que des enfants peuvent même pousser leurs «droits» jusqu'à poursuivre leur mère pour mauvais traitements *in utero*, c'est-à-dire pour «fœticide». «En somme, c'est l'escalade des deux côtés : irresponsabilité des adultes, permissivité des enfants; permissivité des adultes, anomie et anarchie des enfants. On retourne à ce que disaient, au siècle dernier, les moralistes tels que Bourget, Bonald, Comte et Balzac : «Écouter les enfants revient à encourager leur "tyrannie" et préparer leur ingratitude future.» (p.43) Peut-être voyaient-ils clair[1]?

---

1. Quelle attitude les ados devraient-ils prendre envers les adultes? Voici la réponse d'une mère de famille. «... Nous espérions établir une relation amicale où il serait possible de se rejoindre à mi-chemin. Malheureusement, ce n'était pas satisfaisant. Ils veulent tout : jeux vidéo, téléphones, argent de poche, sports, permis de conduire, voitures, sorties, vêtements signés, relations sexuelles, et encore... Ce n'est jamais assez. Peu importe notre position, ils veulent le respect à sens unique...» (Louise Chamberlan, «Réveillez-vous vite, les ados!», in *La Presse,* Montréal, 6 août 1995) Mais, parlant en général, les adultes et parents agissent-ils vraiment d'une façon qui les distingue complètement des enfants? Ou ne sont-ils pas plutôt le modèle auquel spontanément se conforment ceux-ci?

Individualisme et déséquilibre

Or, l'auteur du *Crépuscule des devoirs* reconnaît que «partout l'autonomie individualiste se paie en déséquilibre existentiel» (p. 288) et cela, autant chez l'adulte que chez l'enfant, bien que ce soit toujours chez les jeunes que cela frappe le plus, puisqu'ils ont moins de moyens pour cacher leur mal. On reconnaît encore que «plus il y a d'autonomie subjective, plus la communication entre les êtres devient complexe, exigeante, difficile..., que la hantise de l'individu narcissique c'est... le déficit relationnel, la solitude, l'incompréhension.» (p. 72) Il est sûr que, comme dirait La Palice, si l'on veut vivre dans son monde, on se prive par le fait même de toute communication. Selon le philosophe québécois Charles Taylor, c'est **l'arrière-plan du langage et du lien commun** qui permet la communication entre individus. Ce fond commun représente les valeurs culturelles d'une société qui sont des biens communs et non des possessions privées. C'est là que le «nous» se tisse. Car le **langage** n'est pas une propriété individuelle, mais commune : c'est la **parole** qui est individuelle, mais elle n'a aucun sens si elle est coupée du langage. On tombe alors dans le solipsisme, dans une forme d'autisme.

Sensibilité

Il est évident que l'individualisme provoqué, sinon engendré par la société de consommation et l'obsession du plaisir à tout prix, n'a pas rendu les individus plus sensibles. Qu'est-ce à dire?

La sensibilité m'apparaît être en rapport avec l'émotivité. La sensibilité serait l'ouverture à l'environnement – la nature, le monde, les autres, la vie – sans référence à soi, à son besoin, à sa mémoire ou à son attente. C'est l'attitude de l'enfant depuis sa naissance jusqu'à l'âge de la parole : l'enfant est ouvert, émerveillé, sans attente, toujours en état d'étonnement. Il ne connaît pas les préjugés ou les intolérances, ni les critiques ou les commentaires intellectuels. Il n'est pas séparé de ce qu'il perçoit. Il est un avec le monde et la vie. Il ne connaît pas encore la dualité. Il est purement et totalement présent. Cette même sensibilité réapparaît lorsque nous sommes pris de court, par exemple lors d'une soirée-surprise à l'occasion de notre anniversaire : on met la clef dans la serrure et soudain ce cri de joie et de lumière qui nous envahit sans que l'on ait un seul instant le temps de penser, de se défendre, de se ressaisir. On est retourné à son innocence première. La même chose peut se produire lorsqu'on est saisi par un paysage, un regard, une œuvre d'une grande beauté. La sensibilité demeure toujours en nous, elle nous est toujours connue, mais elle s'occulte habituellement derrière l'écran de feuilletés culturels, de préjugés et de défenses émotives. Aussi, tout ce que l'on fait en mûrissant, en s'éveillant, c'est de retrouver sa sensibilité essentielle.

(Les devoirs font appel à la sensibilité, à l'ouverture aux autres, alors que les droits recourent à l'émotivité, à la fermeture sur soi.)

La sensibilité est réellement l'état naturel du corps, de l'organisme, de l'être. **Mais lorsque le moi s'approprie la sensibilité et l'utilise à son profit, la sensibilité devient émotivité,** si bien que seul un regard éveillé permettra de la nettoyer de son enduit émotif, rendant la sensibilité à sa transparence originelle.

En revanche, l'émotivité s'exerce par-devers soi, c'est-à-dire que l'on ramène l'univers à soi, que l'on interprète et filtre tout l'extérieur – événements, objets, personnes – en fonction de sa personne, de ses préoccupations, de ses manques et désirs. Tout est enduit de ses attentes et déceptions : rien n'est vu en soi, mais toujours par rapport à soi. Par exemple, en visitant un ami qui se meurt à l'hôpital, la personne vivant dans l'émotivité va pleurer en l'apercevant, car elle n'est pas présente au malade, mais à son émotion, à sa propre peine. (L'émotion est de la «glue» dont se sert le moi pour se fixer.) Comme le disait Chuang Tsu : «Celui qui est endormi vit dans **son** monde, alors que celui qui est éveillé vit dans **le** monde.»

Certains auteurs actuels semblent pourtant suggérer que la surabondance permettrait une plus grande sensibilité. «À force de vivre sans privation majeure, la souffrance de l'autre – dès lors qu'elle est mise en scène – devient intolérable.» (*Le crépuscule des devoirs,* p. 144) Constatation qui s'ajoute au point de vue détaché et abstrait de Charles Taylor : «Il est plus facile de donner à ceux qui ont moins si vous n'avez pas à enlever à ceux qui ont plus.» (p.144) Pourtant, Tocqueville avait reconnu, il y a déjà plus d'un siècle et demi, que «dans les siècles démocratiques, les hommes se dévouent rarement les uns pour les autres, mais ils montrent une compassion générale pour tous les membres de l'espèce humaine.» (*De la démocratie en Amérique,* tome I, p. 174) C'est-à-dire qu'on aime tout le monde sentimentalement, de façon générale et à distance – cela coûte peu et déculpabilise – pendant que l'on demeure insensible à ceux qui sont près, à son environnement immédiat, à ce qui est sous les yeux, qui nous touche et qui est le prolongement de son propre organisme. En ne regardant pas en soi et tout près de soi, on peut plus facilement regarder au loin la «chère humanité qui souffre tant» ou zapper lorsqu'elle se rapproche trop. La réalité, c'est le contraire de ce que disent Echegoyen et Taylor, c'est-à-dire que les pauvres sont généralement plus généreux et compatissants que les riches. Ceux qui possèdent en veulent toujours plus; ils sont plus avides à mesure qu'ils en acquièrent davantage, et non l'inverse.

Ce qui rend insensible

Il y a du reste trois choses qui rendent l'humain insensible : la **surabondance,** la **certitude** d'avoir raison (dispensant de toute remise en question) et **l'habitude** de la routine. Ces trois choses qui sont tellement présentes dans nos démocraties modernes empêchent d'être sensible autant à son corps et aux autres qu'à l'environnement.

On peut également dire que la misère rend insensible. C'est vrai. Les pauvres aussi veulent accéder à la richesse, mais leur cœur demeure encore ouvert parce qu'ils baignent dans la privation et la misère; ils n'ont pas besoin de l'imaginer. En Inde, par exemple, les pauvres sont joyeux et d'une générosité inlassable. Et ici, au Québec, lorsque le peuple est sollicité pour les fonds de bienfaisance ou pour l'action bénévole en tous domaines, ce sont les pauvres qui donnent et se donnent le plus. C'est l'exception parmi les millionnaires du monde qui, à l'instar des Rockefeller et Carnegie, donnent généreusement leurs avoirs. L'exception est... exceptionnelle. C'est justement pour cela qu'elle frappe. Il faut bien le reconnaître, la société possédante est foncièrement centrée sur elle-même et irrémédiablement individualiste.

Le cas du Japon et de la Chine

Chez les Japonais et les Chinois, l'individualisme est quasi absent, mais pour des raisons différentes. Le Japon entretient une tradition immémoriale de soumission absolue à l'Empereur et à l'Empire qu'il incarne, ce qui fait que les groupements, associations, écoles, compagnies et usines de production qui sont voués à glorifier l'Empire sont plus importants que les individus qui les constituent. Pour cette raison, le holon individu/société penche complètement en faveur de la société, l'individu étant ravalé à un rôle de contribuable, de sacrifié, d'entité vouée à l'ensemble. Cet exemple offre un curieux mélange d'orientalisme, d'une part (traditions sacrées : shintoïsme, bouddhisme, sens du devoir, le «9 à 5» sérieux et complètement voué à la prospérité du pays), et d'occidentalisme, d'autre part (modernité, technologie de pointe, individualisme nocturne où chacun s'éclate). Mais le côté oriental domine malgré tout. Ce mélange d'efficacité et de valeurs sacrées est un modèle où l'Occident aurait beaucoup à puiser sans pour autant l'imiter servilement. C'est surtout le sens du devoir et du sacré qu'il lui serait nécessaire de découvrir.

Quant à la Chine, on y trouve une fusion semblable : le régime récent du communisme maoïste (tiré du moule stalinien, fondé sur le matérialisme et la prétendue égalité) se fusionne au confucianisme moralisateur axé sur le respect des hiérarchies et des ancêtres. (Du reste, ce confucianisme va à l'encontre du taoïsme de Lao

Tseu et Chuang Tseu. Il a supplanté celui-ci qui était en revanche décontracté, plus individuel, mais aussi plus nettement spirituel et plus uni aux cycles de la nature. Le Tao est cette Unité universelle qui se manifeste dans toutes choses à travers deux principes, Yin/Yang, c'est-à-dire le Holon universel. Cette sagesse qui rejoint celle du Vedanta et du Bouddhisme Ch'an, était fondée sur une vision claire de soi et de sa juste relation avec les choses.) La Chine a choisi d'opter pour Confucius au lieu de Lao Tseu, un choix qui est parallèle à celui du christianisme occidental, qui a préféré Aristote à Platon, c'est-à-dire le moralisme à la connaissance de soi.

Individualisme et suicide

L'individualisme peut également produire des effets violents. Pour commencer, il peut pousser au suicide.

Au XIXe siècle, le suicide était perçu comme «un vol fait au genre humain» (Rousseau), «une offense à la personne» (E. Dürckheim), «un acte immoral, un refus de ses obligations sociales» (Comte). En revanche, selon Gilles Lipovetsky, l'auteur du *Crépuscule des devoirs,* «le suicide a perdu sa couleur morale, il ne suscite plus la désapprobation, mais plutôt l'interrogation et la compassion.» (p.90) «... Il n'y a plus de devoirs envers soi. On n'est plus tenu de se conserver en vie, seulement de ne pas souffrir. La souffrance physique est devenue psychologiquement intolérable, c'est notre fragilité face à la douleur, notre incapacité à affronter l'idée ou le spectacle du Calvaire. Aussi, l'acceptation de l'euthanasie est-elle due à l'hypersensibilité contemporaine à la douleur, plutôt qu'à l'élargissement des droits subjectifs.» (p. 94)

Pourtant, reconnaît l'auteur, «si le suicide n'est plus une faute, la culpabilité est assumée par les proches qui n'ont pu l'empêcher... On est obligé de secourir, d'assister le suicidaire.» (Les droits de l'un, les devoirs de l'autre?) Mais pourquoi les autres se sentiraient-ils coupables dans une société où «plus aucun principe n'est au-dessus du droit à disposer de sa propre vie» et à vivre pour soi? C'est qu'on est bien forcé de le reconnaître : on n'échappe pas si facilement aux lois de la vie, à l'appartenance, aux liens communautaires, à la responsabilité collective, au côté environnemental et englobant de son être. Si certains veulent y échapper, d'autres en revanche leur répondront par une préoccupation accrue, de sorte qu'il semble impossible d'éviter ce mouvement de balançoire, cette complémentarité tacite.

Quant à ce que l'auteur appelle l'hypersensibilité des contemporains vis-à-vis de la souffrance, cela m'apparaît plutôt comme une totale **absence de sensibilité,** au profit d'une **émotivité exacerbée.** (On se souviendra que j'ai dit plus haut que l'émotivité est la sensibilité récupérée par le moi et donc déformée, dénaturée.) À force de vouloir toujours se faire plaisir sans rien se refuser, il s'installe une *habitude* du plaisir toujours accru. Cette escalade du plaisir signifie non pas que l'on est devenu plus sensible, mais moins, tout comme le besoin de pousser à bout son système stéréophonique «pour jouir davantage du son» fait qu'à la longue, l'oreille se désensibilise, c'est-à-dire qu'elle perd sa capacité de réagir.

Les gens nantis d'aujourd'hui sont de moins en moins capables d'endurer la moindre frustration, la plus petite privation. Ils sont devenus comme des enfants irritables, exigeants, qui vous piquent des crises dès qu'on les contrarie. En effet, le moins que l'on puisse dire, c'est que la société contemporaine n'encourage pas la force de caractère ni l'esprit d'endurance. Elle privilégie plutôt l'irritabilité et la susceptibilité. On est loin de la leçon de Graf Dürckheim : «Ne te plains pas, ce qui ne te tue pas te rend plus fort.»

Le courage d'assumer sa vie

C'est pourtant la leçon vécue par beaucoup de gens qui ont connu de grandes épreuves, l'incarcération, les maladies incurables, les deuils difficiles, les régimes politiques tyranniques, la perte de leur famille dans un désastre, même de ceux qui ont connu les camps de concentration et les tortures. C'est aussi le lot de ceux qui ont eu une éducation rigoureuse, mais saine, une enfance où on était aimé sans être gavé, où l'on apprenait à accepter les deux côtés de la vie : le désagréable autant que l'agréable. On apprenait très tôt à voir qu'en refusant le premier, il ne disparaissait pas pour autant, mais continuait de nous hanter, devenant de plus en plus obsessif et insupportable. En d'autres mots, on apprenait (sans que cela ne soit dit) que la souffrance est en grande partie notre propre création.

Aujourd'hui, ce sont toujours «les autres» qui sont cause de nos souffrances et de notre malheur : la société, les pouvoirs publics, les voisins, les médias, les institutions, la criminalité accrue, les étrangers, les mafias, etc. Jamais moi. Jamais l'individu. Jamais soi-même. «Les autres» sont responsables de tous les maux, mais en même temps on est bien content qu'ils soient là pour subvenir à nos besoins, pour nous gâter et nous servir. De toute façon, on sait qui sont les responsables et ce n'est pas nous. La **certitude** d'avoir raison empêche de voir les **faits.**

Pourtant, «la souffrance est l'arrière-fond de tout plaisir, disait le sage Nisargadatta. Tu veux les plaisirs parce que tu souffres. Par ailleurs, ta recherche même du plaisir cause la souffrance. C'est un cercle vicieux.» Mais on ne veut pas entendre ce langage. On veut simplement pouvoir se plaindre de ce qui fait mal, sans avoir à en retrouver la racine et l'extirper. ON VEUT AVOIR RAISON contre la vie qui devrait nous donner tout ce que l'on attend d'elle et rien de ce qu'on n'en attend pas. D'autant plus qu'il y a en nous une «hypersensibilité à la douleur», et «notre fragilité face à la douleur» nous rend tellement vulnérables qu'il faut que la vie nous comble sans quoi il nous faut la quitter!

(Toutefois, le suicide ne peut avoir de sens que si on croit tout d'abord qu'il y a quelqu'un qui tue et quelqu'un à tuer. Mais s'il n'y a personne, si le moi n'existe pas, alors le suicide non plus n'existe pas; c'est une illusion qui tue une illusion...)

Individualisme et «droitisme»

L'individualisme peut susciter un autre effet que le suicide : il peut provoquer une réaction de la droite. «Quand on pousse l'individualisme à bout, on suscite des groupes sectaires et fondamentalistes», est-il écrit dans *Le crépuscule des devoirs*. Comme il y a toujours dans la société des mouvements contradictoires, des factions et des partis, il y a aujourd'hui une levée de boucliers contre le narcissisme individuel et la permissivité générale. C'est la montée de l'intolérance ou du fondamentalisme religieux. Ces attitudes sont encore plus évidentes en Amérique qu'en Europe, où les idées libérales ont encore beaucoup d'emprise sur les esprits. Mais cela ne tardera pas : toute la société industrialisée va connaître ce revirement qui va rapidement tourner en conflits armés, même en guerres civiles. La nouvelle droite, que l'on retrouve également dans certains mouvements islamistes et dans les sectes extrémistes réparties à travers le monde, persécutera tout ce qui est trop libertaire, trop permissif, ne renonçant pas dans certains cas à recourir aux armes. De plus en plus, des guérillas et des bandes mafieuses encouragent une prise en main de la justice par chacun et organisent une montée de forces répressives hautement efficaces.

L'intolérance

L'intolérance est l'incapacité d'accepter la différence. Alors que rien sur cette terre n'est identique – même chaque flocon de neige est différent –, l'être humain a beaucoup de peine à accueillir ce fait universel et se sent menacé plutôt qu'enrichi par la diversité qui l'entoure. L'intolérance est une réaction émotive, un manque de sensibilité, la sensibilité étant, comme nous l'avons vu, la condition naturelle et originelle de l'humain avant que le moi ne se l'approprie pour en faire l'émotivité, cette sur-réaction à tout ce qui plaît et déplaît, à tout ce qui est désirable et indésirable, cet état de vibration dramatique et fiévreuse que l'humain entretient pour se donner une forte sensation d'exister, d'être quelqu'un, d'être un centre, Le centre, l'Unique. L'intolérance est donc émotive et elle rend l'Homme infantile, bestial, obsessif, destructeur. Le sociologue français Gustave Le Bon qui avait étudié le comportement des foules concluait que, lors des manifestations religieuses, sportives et politiques, à mesure que le taux d'émotivité montait dans la foule, le taux d'intelligence baissait. En effet, dans un ralliement politique en particulier lorsqu'on se trouve au milieu d'une foule qui hurle son accord, il est périlleux et fort difficile de se tenir debout pour crier «Non». Mais l'intolérance est ainsi : elle dénature et dégrade toute intelligence. Du reste, les gens instruits n'en sont pas protégés, loin de là. C'est peut-être eux qui en sont les plus grandes et nombreuses victimes. (On n'a qu'à se rappeler les SS nazis qui festoyaient au champagne en écoutant du Mozart alors qu'ils venaient tout juste de brûler des Juifs.)

En fait, l'intolérance est tout simplement un manque de culture, un manque d'ouverture aux autres, une incapacité de s'identifier à de multiples façons de voir et de faire. Quiconque a connu des pays différents, a des amis dans certains coins du monde, a vécu avec des gens de pensée et de religion différentes, a connu la stupeur de se trouver soudain au milieu de gens de langue inconnue, quiconque a lu, approché, absorbé des façons de penser et de vivre complètement différentes, même opposées, ne peut jamais être intolérant. Mais hélas, l'intolérance n'est pas le propre d'un peuple en particulier, elle est commune au genre humain quel qu'il soit. Cela vient de l'intolérance vis-à-vis de ses propres limites, manques, faiblesses; cela est dû à la fermeture sur soi, à la peur de l'inconnu (qui est en nous), au besoin de se sentir fort et en sécurité, emmuré dans ses certitudes, et cultivant l'exclusion.

Mais surtout, l'intolérance vient de l'ignorance, d'une profonde et persistante méconnaissance des autres. Car les humains sont au fond plus semblables que dissemblables, mais ils se sentent plus en sécurité de nier cette réalité. En effet, être à l'écoute de ce qui est autre, inconnu ou bouleversant demande beaucoup d'humanité, d'humilité. Être tolérant, c'est être vulnérable et prêt à apprendre.

Il faut reconnaître que l'intolérance empoisonne sournoisement le monde actuel et aucune région ne semble y échapper, pas même le Québec, alors qu'on pourrait croire qu'une province aussi vigoureuse et saine sache se garder libre d'un tel fléau.

Aux États-Unis, en particulier, la morale conservatrice de la droite reprend du poil de la bête sous la férule d'un moraliste comme James Q. Wilson (*Le sens moral*), de Newt Gingrich (prétendant éventuel à la présidence du pays) et de G. Gordon Liddy, celui-là même qui avait été condamné dans l'affaire Watergate et qui vient de recevoir le prix *Freedom of Speach* (liberté de parole) pour ses prises de position. Ceux de leur croyance se préparent à reprendre en main les rênes du pays. Leur programme comprend, entre autres, les projets suivants : «abolir les lois de contrôle d'armes à feu, revenir à la discrimination raciale des KKK, réduire les programmes de santé pour vieillards et familles pauvres, abolir les lois antimonopoles en matière d'information, abolir les progrès accomplis en écologie, réduire la recherche sur le sida et faire tatouer et placer en quarantaine les victimes de cette maladie, etc.» (M. Tourigny, *Le Devoir,* Montréal, 30 juin 1995) En somme, le retour à l'Amérique pure et dure, riche et dominante, repliée sur elle-même et sur son passé! Parallèlement, dans les pays où l'islamisme agressif prend forme, c'est un semblable retour aux valeurs traditionnelles qu'on veut imposer, une abolition des libertinages et dévergondages que la société moderne a entraînés dans sa course folle vers l'individualisme, l'irreligion et la consommation. On veut revenir en arrière, retourner à la pureté originelle, reprendre la loi de Moïse et de Mohammed telle qu'elle a été promulguée. On veut rentrer dans les bonnes grâces d'Allah et, pour cela, on fera tout afin qu'il soit abolument le seul dieu de toute l'humanité!

L'individualisme réalisé

Mais si l'on va au fond des choses, loin d'être un mal ou une erreur radicale, l'indivualisme est une tendance qui ne peut qu'aider à atteindre la vraie liberté. Il y a cependant une condition : c'est qu'on aille jusqu'au bout. Dans quelque idéologie ou système politique qu'il se manifeste, l'individualisme – la croyance en l'individu comme valeur absolue – ne va pas assez loin dans sa quête. **Il faut aller jusqu'au bout du moi avant de pouvoir le**

dépasser. L'individu doit non seulement affirmer son autonomie, il doit aller jusqu'à se remettre lui-même en question. La fin ultime de l'individualisme (de l'autonomie individuelle) serait donc d'arriver à poser sur soi une question radicale, de s'observer scientifiquement, en se demandant vraiment **ce** que l'on est et **qui** l'on est. Il s'agit de remettre en question cela même qu'on aura bâti avec la dernière conviction. C'est ainsi que l'on rentre dans la Source, c'est ainsi que l'on peut naître de nouveau. Suivant le mouvement qui a commencé avec la première pensée du moi, on va atteindre son sommet d'illusion et sa limite d'égarement pour ensuite rentrer dans la connaissance de son absence, de sa vacuité.

Le véritable individualisme, c'est celui qui permet d'abolir l'individu, c'est l'individualisme de celui qui veut être libre non pas de faire, de dire ou d'être ce qu'il veut, mais qui est libre de lui-même, de ce qu'il fait, dit et croit être... Cette libération de l'individu vis-à-vis de lui-même est la solitude pure, ce qui est la même chose que l'amour. «Vous devez être intrinsèquement seul, disait Krishnamurti. Cette solitude est la véritable individualité. Vous devez devenir votre propre loi afin d'être libre de toute loi.» (Ojaï, 1936)

4

PROGRÈS/CONSOMMATION

Causes d'irresponsabilité

Pascal Bruckner, au cours d'une entrevue accordée au *Devoir* de Montréal (31 juillet 1995), a bien résumé la mentalité actuelle de l'Occident et les causes de son irresponsabilité. «... Nous sommes aujourd'hui de plus en plus des consommateurs et de moins en moins des citoyens. Et nous sommes de plus en plus aussi dans le divertissement avec notamment la télévision et les jeux vidéo qui fonctionnent 24 heures sur 24 sur des centaines de canaux et qui nous donnent la possibilité, en quelque sorte, de mener une vie de rechange... Quelqu'un d'autre prend en charge notre vie... La consommation et le divertissement, qui étaient d'une certaine façon le «contre pied» aux difficultés de la vie, tendent peu à peu à devenir la vraie vie... au détriment de toute autre existence... Qui plus est, la surenchère d'information participe à la déresponsabilisation de l'individu face aux grandes tragédies qui accablent l'humanité... Nous souffrons d'infantilisme. Sans cesse en quête des avantages de l'enfance perdue, nous rêvons d'être comme des enfants, irresponsables, légers, insouciants, distraits en permanence.»

En effet, la société d'aujourd'hui est axée sur le *divertissement* et la *consommation,* comme fins en soi, ce qui lui enlève

en grande partie son sens de la responsabilité vis-à-vis de l'ensemble du monde et la maintient dans un infantilisme dont elle ne veut pas sortir.

Le progrès illimité

Les mots que je viens de souligner nous montrent comment, dans cet enchaînement de causes et d'effets, le sens de la responsabilité, de l'appartenance et de la participation active a pu se perdre. Tout semble avoir commencé par la notion d'un progrès illimité qui, dès le début, a fait flamber l'imagination des démocraties. Désormais, avec les avances galopantes de l'industrie, de la science et de la technologie, rien ne serait impossible : les rêves pouvaient enfin se réaliser! Le progrès divin pouvait satisfaire tous les désirs. C'était la nouvelle Providence, le nouveau paradis.

Cette obsession d'un progrès sans fin et les désirs de satisfaction individuelle qu'il allait engendrer ont rapidement créé une collusion entre progrès et consommation, qui a fini par aveugler le citoyen quant à son véritable rôle, à ses responsabilités et obligations vis-à-vis de l'ensemble. L'ordre s'était complètement renversé : c'est maintenant l'ensemble qui existe en fonction d'un chacun.

La «nécessité» de l'abondance

Cette double obsession – la nécessité d'un progrès illimité/le désir de consommer de plus en plus – rendait le citoyen difficilement sensible aux autres, à l'environnement, à la Terre ou à la population du globe. Tout était ramené à soi, interprété en fonction de ses propres pertes et gains, réduit, comme le dit Bruckner, à la consommation et au divertissement, au plaisir, à la fuite. Chacun ne cherchant que sa satisfaction – *feeling good* –, les «droits» se mirent à éclater hors de leurs gonds, comme on l'a vu, et dans cette inondation sans bornes, le sens du devoir, du rattachement à l'ensemble, fut complètement noyé.

Comme le dit Christopher Lasch, le témoin de la nouvelle mentalité américaine : l'Amérique libérale a fini par croire «que l'abondance donnerait à chacun l'accès aux loisirs, à la culture, au raffinement (autant d'avantages réservés jusqu'ici aux riches). Le luxe pour tous, tel était le noble rêve du progrès. Mais ce rêve était en réalité l'opium du peuple, le vrai, celui qui endormait la conscience encore davantage que la religion remplacée par le progrès.» (*The True and Only Heaven,* ma traduction)

Juliet B. Schor, Ph.D., économiste et auteur réputé en Amérique, écrit dans *Psychiatric News* (July 21, 1995) : «Notre pays s'est enfermé dans un cycle de travail/dépense. Au moyen de l'endettement et de l'accoutumance – ce que l'on pourrait appeler une dépendance affective –, chaque escalade d'abondance matérielle devient nécessaire à notre fonctionnement sociopsychologique de base. Le luxe devient une nécessité.

«Les experts avaient pourtant prédit qu'avec l'accroissement de la productivité il y aurait une décroissance correspondante d'heures de travail... C'est le contraire qui s'est produit : le nombre d'heures de travail a augmenté drastiquement autant que l'escalade de la consommation : des maisons plus grandes, plus d'autos coûteuses, plus de vacances exotiques, etc.

«Les enfants sont également affectés par le travail prolongé de leurs parents... Les parents se font remplacer auprès de leurs enfants par de l'argent et des jouets nombreux.

«Il y a deux raisons à cette consommation excessive, dit Schor : tout d'abord le rang social — rivaliser avec le voisin — et ensuite l'accoutumance par laquelle le luxe d'aujourd'hui devient la nécessité de demain. Mais le malheur, c'est que plus les Américains consomment, moins ils en tirent de plaisir...»

Déjà Adam Smith proclamait que des hommes et des femmes civilisés avaient besoin pour être confortables de plus de biens que les sauvages. On croyait même, observait William James au début de ce siècle, que le progrès permettait à l'homme de dépasser son besoin infantile de religion. Le progrès, c'était réaliste, incarné, saisissable, à l'opposé de la religion qui n'était qu'une fumisterie. Mais la société moderne s'est trompée de route.

Conséquences de la surabondance

Comme l'écrit Lasch, «ni la droite ni la gauche ne veulent le reconnaître. La société a perdu son cap et son inspiration. La droite propose de maintenir le standard de vie traditionnel, malgré le reste du monde et, de plus en plus, malgré nos propres minorités. La gauche également propose des idées qui sont autodestructrices, telle que l'idée de répandre le standard de vie américaine au reste du monde. Les deux positions sont intenables, reconnaît Lasch, non seulement parce que ces programmes vont produire des effets sur l'environnement que même les riches ne pourront éviter, mais parce que cela va élargir le fossé entre riches et pauvres, engendrer de plus en plus de mouvements violents (insurrections, terrorisme) et effectuer une détérioration du climat politique mondial aussi menaçante que celle du climat physique. Vouloir répandre les standards de vie occidentaux sur le reste du monde va précipiter l'épuisement des ressources non renouvelables, l'irréversible pollution écologique, c'est-à-dire, en somme, tout ce dont dépend la vie humaine sur terre.» (p. 23)

«Tout le monde reconnaît maintenant que l'idée du progrès illimité est une croyance périmée, dit Dean Inge. Communisme, fascisme et capitalisme ont tous promis et cherché un avenir de progrès, d'expansion et de bonheur sans limites. Ils ont tous été séduits par l'idée qu'un conflit apocalyptique allait enfin établir une justice absolue et un entendement parfait entre les êtres.» (p. 41) Ces utopies étaient directement influencées par le christianisme; il est tout de même curieux que l'on ne trouve pas cela dans le bouddhisme. En effet, on perçoit derrière ces utopies celle d'un royaume terrestre de fraternité universelle dont l'avènement suivrait un combat sans merci entre les factions du Bien (la religion chrétienne) et celles du Mal (les incroyants), le Bien triomphant nécessairement à la fin! (Et ce Bien était, selon le cas : le communisme, le fascisme ou le capitalisme; alors que le Mal, c'était simplement l'autre camp.)

Il est évident qu'aujourd'hui, personne ne croit plus le progrès inévitable. Personne n'y croit **en théorie.** En pratique, rien ne change. On se rassemble de temps à autre (à Rome, en 1960, et plus récemment à Lisbonne) pour conclure que les pays riches doivent se serrer la ceinture, c'est-à-dire diminuer leur production et leur consommation, respecter la terre, et aider les pays pauvres à diminuer leur procréation d'enfants. Mais la montée constante du niveau de vie nous avertit clairement que personne ne prend ces déclarations au sérieux. Chacun (individus et collectivités) ne pense qu'à soi, à son bonheur privé, à son plaisir intime, à son cocon. D'un côté, les compagnies et manufactures ne veulent pas diminuer leur production et, de l'autre, les consommateurs ne veulent pas renoncer à se procurer des biens de plus en plus nombreux et alléchants. C'est une situation impossible à changer aussi longtemps que personne ne veut commencer par regarder son excès et son inconscience avec réalisme et honnêteté.

Un standard pour tous?

Même si tout le monde sait – intellectuellement s'entend – que le confort matériel n'assure pas une vie heureuse, on ne cesse d'accumuler les biens, de dévaster la terre et de raser les pays pauvres afin d'assouvir les désirs des riches. Or, proclamait avec force le savant David Bohm après tant d'autres, **«si tous les pays pauvres – Russie, Inde, Amérique du Sud, Afrique – avaient d'un seul coup accès au papier hygiénique, dans un an il n'y aurait plus d'arbres sur la terre!»** C'est cela que signifie concrètement le désir de voir tous les pays pauvres accéder (enfin) à notre standard de vie, croyant que le monde connaîtrait alors bonheur et paix, même si nous-mêmes, au milieu du superflu et du luxe, nous en sommes toujours aussi loin.

On ne peut un seul instant concevoir que la «vie heureuse» (*the good life* pour les Américains) puisse être possible sans la surabondance, c'est-à-dire sans une expansion indéfinie des désirs. Comme Lewis Mumford le remarquait déjà dans les années 40, «ces gens mangent, boivent, se marient, ont des enfants et vont à leur mort dans un état qui est, au mieux, une anesthésie ridicule et, au pire, un état d'anxiété, de peur et d'envie.»

La surabondance a une influence désintégrante sur les gens. Elle rend insensible, égoïste et irresponsable. Comme le disait Walter Lippman, le grand commentateur de la scène américaine : «On ne peut s'attendre que le petit nombre de favorisés s'inquiètent des besoins du grand nombre», contrairement à ce que disaient plus haut Echegoyen et Taylor. Personne non plus n'envisage un retour à une existence plus frugale, comme le suggéraient naguère Duane Elgin (*Volontary Simplicity*) et Schumacher (*Small is Beautiful*). Ce serait trop pénible de se priver, de souffrir un peu, de se sacrifier pour d'autres.

Réduire son niveau de vie?

Et pourtant, tout le monde le sait, tout le monde le dit : «Il est maintenant clair qu'une distribution plus équitable des richesses exige, en même temps, une réduction radicale du standard de vie dont jouissent les nations riches et les classes privilégiées. (Il ne faudrait pas oublier qu'ici TOUS les pays dits industrialisés sont concernés et non pas uniquement l'Amérique, le bouc émissaire chéri des Européens.) Les nations développées ne peuvent plus maintenir leur standard de vie en même temps qu'une culture progressiste qui en est complice et espérer, du même coup, servir de modèle et d'exemple au reste du monde. Et, poursuit-il, la prétention de vouloir hisser les pays démunis à ce niveau qui nous paraît si enviable est proprement scandaleuse, non seulement parce que cette prétention incarne un idéal extrêmement étroit de la vie heureuse, mais aussi parce que les pré-requis matériels ne sont pas et ne peuvent être universellement disponibles.» (*The True and Only Heaven*, p. 529)

On continue de vanter le niveau de vie des pays industrialisés, ce qui montre bien que personne ne consent à se priver ou à vivre plus modestement. Il est même honteux de se vanter d'un standard de vie «qui fait l'envie de tous ceux qui nous regardent» comme l'affirme le Premier Ministre du Canada. Ce qu'il ne dit pas, c'est que la dette de son pays est de 500 milliards de dollars et que ce sont surtout les moins nantis qui la portent, ceux d'ici et ceux des pays pauvres, aux dépens desquels le Canada, comme tous les pays bien nantis, s'est enrichi.

Le repliement sur soi

Une culture organisée autour de la consommation massive encourage le narcissisme, cette disposition à voir le monde comme son miroir, comme une projection de ses propres peurs et désirs. La dépendance vis-à-vis de ces biens et de ces systèmes sophistiqués de satisfaction créent simultanément des sentiments de dépendance infantile (comme le faisait remarquer Bruckner) et même l'impression d'être une pauvre victime. On devient dépendant d'un sein maternel qui est à la fois le gouvernement, la société, les biens de consommation et leurs promesses de fuite continuelle. On trouve alors difficile de concevoir un monde autrement qu'en rapport avec ses propres fantasmes.

Notre culture motivée par le progrès indéfini et la consommation massive fait croire que l'on peut tout, que «tu peux être tout ce que tu veux», comme le disent les chansons, que «tout est possible», comme le promettent sectes et thérapies. La liberté revient à pouvoir choisir entre telle ou telle marque, entre des emplois interchangeables, des amants interchangeables, des voisins interchangeables, des programmes de télé interchangeables. La liberté, c'est le «zappage» continuel. On se croit de plus en plus libre, mais en réalité on est de plus en plus conditionné, soumis, dominé, programmé, manipulé.

Se sentant complètement impuissant, on cultive sa psyché et on consomme des produits biologiques; on s'occupe de soi, on s'entoure de son petit bonheur, on se tisse une toile inviolable. (Le nouveau salut s'appelle «santé mentale» ou selon le très ancien adage «un esprit sain dans un corps sain».) «Vivre dans l'instant est la passion dominante, vivre pour soi-même et non pour ses ancêtres ni pour la postérité.» (Lasch, p. 18) Il s'agit avant tout «d'être soi-même, de se dire, de s'exprimer tel que l'on est, de dégorger son trop-plein comme cela nous le dit et avec les mots que l'on veut, quitte à déranger ou blesser les autres. Après tout, ce qui compte, c'est se sentir bien.»

Promesses thérapeutiques

«Les thérapeutes, ces prêtres de la nouvelle société, enseignent justement qu'il faut libérer l'humanité de notions aussi attardées que l'oubli de soi et le devoir ou encore la frugalité et la discipline. La santé mentale pour eux signifie la suppression des inhibitions et la gratification immédiate des pulsions.» (Lasch, p.29) Il est donc conseillé de ne pas trop s'engager sentimentalement, ni trop dépendre des autres, mais plutôt de vivre dans l'immédiat en se gratifiant pleinement. Surtout pas de dimension sociale. De toute façon, pourquoi faire quelque chose pour la société, alors que c'est elle qui peut et doit tout nous donner? Mûrir, devenir adulte et responsable? c'est bon pour les gens qui nous ont précédés.

Pourtant, on ne se débarrasse pas du désir d'être libre, du désir d'être comblé, du désir d'être pleinement heureux. On ne se débarrasse pas de son humanité, de ses conditionnements, de sa solitude, de son unicité, de son goût de créer et de chercher. Or, justement, dit Lasch, «être une personne, c'est être péniblement conscient d'une tension entre nos aspirations illimitées et notre compréhension limitée, entre nos pressentiments fondamentaux d'immortalité et notre état déchu, entre l'unité et la séparation. Une nouvelle culture... devra forcément être fondée sur la reconnaissance de ces contradictions inhérentes à l'expérience humaine. Elle ne pourra certainement pas être fondée sur une technologie qui tenterait de restaurer l'illusion de l'autosuffisance, ni au contraire sur une négation de l'individualité, négation qui ramènerait l'illusion d'une unité absolue avec la Nature.» (*Minimal Self,* p. 30)

Ni le dogme du progrès illimité ni le mirage de la consommation ne produiront un être pleinement humain, puisqu'ils le déchirent progressivement en créant des désirs de moins en moins possibles à satisfaire. Des désirs de vie heureuse dans un avenir prometteur, dans un demain qui n'arrive jamais. En fait, il n'y a pas de demain :aujourd'hui, lundi, je vois demain comme le mardi, mais lorsque ce demain sera arrivé, il y aura un autre demain qui prendra la relève. C'est une course à relais qui ne s'achèvera pas. On ne parviendra jamais à DEMAIN. Il n'y a que le moment présent. C'est lui qui fabrique le demain et c'est à partir de lui seul que le demain peut apparaître. C'est aussi seulement dans ce présent éternel que l'on peut voir que ni lendemain ni hier, ni avenir ni passé, n'existent. Vivre pour demain, aller toujours «vers demain» est un grand leurre, une erreur de vision, un rêve qu'on se raconte pour se tenir constamment en cavale, pour constamment désirer, consommer, désirer, consommer...

La collusion entre production et consommation est en réalité la collusion entre prédateur et proie. Et, bien sûr, la société de consommation favorise le prédateur (le producteur et derrière lui le gouvernement) aux dépens de la proie (le peuple), même si le gouvernement dit que c'est le peuple qu'il sert et favorise avant tout. Mais quelle partie du peuple? Dans les affaires, on est toujours mangeur ou mangé. Et dans une société de consommation, on est toujours consommé, même quand on croit être le consommateur.

Tel est le sort de l'être humain emprisonné dans une conscience plafonnée par l'avidité et le désir.

5

DEVOIRS

«L'un des caractères distinctifs des siècles démocratiques,
c'est l'attrait qu'y éprouvent tous les hommes
pour le succès facile et les jouissances présentes!...
La plupart de ceux qui vivent dans les temps d'égalité...
veulent obtenir sur-le-champ de grands succès,
mais ils désireraient se dispenser de grands efforts.»

(Tocqueville, *De la démocratie en Amérique,* 1832)

Le mot «devoir»

Il est évident qu'aujourd'hui le mot devoir évoque le pensum, la corvée, la morale religieuse, la vie de misère. On préfère des mots comme responsabilité, liens avec l'ensemble, sens de l'appartenance, participation, service des autres, ouverture à l'environnement. Mais le contenu du mot devoir est inéluctable, puisqu'il forme avec le mot droit un tout, un holon : droit/devoir. Les droits étant inséparables des devoirs, ils représentent le côté individuel et le côté social d'une même médaille.

Hiérarchie des droits et devoirs

Autrefois, on parlait des devoirs envers la famille, les parents, la patrie pour laquelle on devait être prêt à mourir ou, du moins, à sacrifier son temps et son effort. Rousseau, l'éternel idéaliste, exigeait le sacrifice des intérêts personnels à la volonté générale. Et, même aujourd'hui, il y a des circonstances où se produit ce genre de sacrifice : les parents qui se sacrifient pour permettre une éducation avancée aux enfants, des professionnels qui sacrifient un moment de leur carrière pour donner une chance égale à leur conjoint, des battues où on sacrifie du temps pour retrouver un enfant perdu, des soldats, des bénévoles, des secouristes, des pompiers qui se sacrifient pour sauver leurs compagnons ou voisins en détresse. Parfois ces actes sont rémunérés, faisant partie du métier ou de la profession, mais parfois aussi ils sont gratuits et spontanés. Les pilotes japonais Kamikaze posaient le même geste lorsqu'ils emboutissaient un cuirassier ennemi afin de le détruire d'un seul coup, comme certains Européens pendant la guerre de 39-45 qui portaient sur eux un comprimé de cyanure au cas où l'ennemi les forcerait à révéler les noms des résistants ou des réfugiés cachés. Enfin, chacun connaît des cas de personnes qui acceptent de perdre une jambe, même les deux, afin que la gangrène progressive ou la bactérie carnivore ne détruisent le corps entier. Il y a là des exemples concrets d'une hiérarchie qui existe naturellement entre droits d'un côté et devoirs de l'autre. Les droits particuliers (conserver sa jambe, se garder en vie, éviter la mort en ne s'exposant pas à la noyade ou au feu) sont sacrifiés à des devoirs, c'est-à-dire aux droits d'un ensemble ou d'autrui. Et ces derniers droits sont perçus comme supérieurs aux siens propres.

Le devoir n'est pas imposé

Toutefois, le devoir ne peut être une obligation. En cela, le XXᵉ siècle a tout à fait raison de répudier cet aspect détestable de la responsabilité sociale, telle que la définissait naguère Auguste

Comte : «Seul est moral le devoir de vivre pour autrui.» De plus, les devoirs, comme les droits fondamentaux, précèdent les lois et existent indépendamment de celles-ci, comme le disait il y a vingt siècles Cicéron : «Les hommes ont des droits et des devoirs indépendants des lois promulguées.»

Mais, alors que dans une démocratie les droits peuvent être **définis,** en revanche les devoirs ne peuvent au plus qu'être **suggérés, intimés, pressentis.** Et voilà bien le hic : comme «on n'est pas obligé» de faire telle et telle chose et qu'on est porté à n'agir qu'en réaction aux défenses et restrictions légales – un peu comme des adolescents –, on se voit soulagé, en ce qui regarde les devoirs, de pouvoir échapper à tout contrôle extérieur. C'est vraiment le triomphe du «fais ce qui te plaît». Or, avant d'être définis par la société, les devoirs sont tout autant organiques, innés, essentiels, que les «droits». Comme les deux forment ensemble un holon, ils naissent ensemble ou plutôt forment un seul tout dès l'origine, une seule unité.

Le sens du devoir ne peut certes être programmé par la volonté, car il est enraciné dans l'être même et ce n'est qu'une déformation, une mauvaise perspective entretenue par des habitudes (comme le racisme, l'intolérance, l'égoïsme et l'avidité) qui empêchent qu'il se manifeste spontanément. Ce sens fait partie de la générosité naturelle de l'être, naturelle voulant dire qu'elle est d'un même élan que la curiosité, l'émerveillement, l'amour, c'est-à-dire qu'elle fait partie intégrante du fait d'être humain, que c'est sa racine même, sa source, que c'est ainsi dans l'origine de l'être, que c'est originel.

Le sens du devoir apparaît à mesure que l'on mûrit et s'affine, c'est-à-dire à mesure que la sensibilité à l'environnement remplace l'émotivité (la récupération en fonction d'un moi insécure). Ainsi, comme l'écrivait récemment Ken Wilber, «traiter les autres comme soi n'est pas un impératif moral qui doit être mis en vigueur comme un "devrais", un "dois" ou comme un commandement difficile. Cela vient aussi facilement et aussi naturellement que le lever du soleil ou le clair de lune.» (p. 291) Mais cette spontanéité est empêchée par le besoin constant d'obtenir, d'être rassuré, de durer, le besoin du moi avide et menacé.

Le devoir implique un sens d'aventure commune, une capacité de compatir, d'être «un avec», d'aimer. C'est-à-dire, en somme, un sens de **communion.** Comme on ne peut obliger quelqu'un à aimer, pas plus qu'on arrive soi-même à aimer par force ou effort, ainsi le sens de la participation, de l'appartenance, du service spontané, de l'ouverture à l'environnement échappe complètement et irrémédiablement à tout effort, à tout acharnement, à tout volontarisme. Mais il faut le reconnaître, aujourd'hui, le service des autres est notamment en souffrance, remplacé par l'obsession de n'être jamais frustré, de n'avoir jamais à se dépenser ou à se sacrifier pour autrui.

Servir

«Servir est la devise de ceux qui aiment commander», disait Jean Giraudoux et cela est transparent au niveau des dirigeants du pays où le slogan «vous servir» est devenu une façon subtile d'asservir la population. (Il est à noter que le mot «ministre» utilisé en politique et en religion, vient du latin *minister* qui veut dire serviteur!) Toute la propagande de la société de consommation – propagande traduite par l'euphémisme «publicité» (euphémisme qui est en soi une propagande!) – est un appareil de séduction armé des dernières techniques médiatiques et qui n'est guère intéressé à satisfaire des besoins biologiques depuis longtemps assouvis, mais à créer une escalade inéluctable de désirs jamais satisfaits. Cet instrument du moi collectif (le contrôle exercé par la publicité) produit en réalité de l'illusion, des demi-vérités et parfois tout simplement le contraire de la vérité.

Mais le plus grand leurre est l'emploi des mots «servir», «service», alors qu'on veut uniquement dominer le citoyen ou soutirer de l'argent au consommateur naïf : «vous servir est notre plaisir», «nous ne sommes là que pour vous servir». On exprime ici ce qui était sans doute une devise sincère au temps jadis, avant l'époque de la consommation effrénée, j'allais dire de la consommation finale. On peut, en effet, vraiment servir si on aime son métier et que l'on a pour intérêt le bien des autres. Il y a aussi cette autre formule populaire : «épargnez, c'est-à-dire achetez chez nous», où il n'est pas sûr que vous payerez moins, mais où il est sûr que vous aurez au moins dépensé et c'est tout ce qui compte.

Enfin, la perle de la séduction, toujours pour mieux servir : «rien à payer avant un an». Comme dans les affaires on sait que tout se paie, le prix annoncé est déjà haussé et les mensualités à venir comprendront des taux d'intérêt dissimulés. À cause de toutes ces feintes, tous ces leurres et mirages, le capitalisme tient en haleine ses sujets comme des lévriers pourchassant leur proie. Ainsi, comme le disait le renard Churchill, «le capitalisme, c'est l'exploitation de l'Homme par l'Homme, alors que le communisme, c'est le contraire», boutade qui évoque celle de George Orwell, également célèbre dans sa satire *Animal Farm* (ferme d'animaux) : «Dans le communisme, tous sont égaux, mais certains sont plus égaux que d'autres.» Déjà l'ancienne sagesse romaine concluait que «l'Homme est un loup pour l'Homme». Et la dernière chose qu'un loup veut faire pour sa proie, c'est lui rendre service!

Entendre ou écouter

Non seulement l'esprit de service a vraiment perdu son sens et sa place, mais la vraie communication qui comprend une part de service s'est complètement noyée au sein de cette technologie médiatique et informatique. Il y a une différence entre communication et communion. La **communication** est «l'acte d'établir une relation avec autrui». Cela n'indique rien quant à sa profondeur ou sa qualité. La communication peut couvrir plusieurs degrés de proximité ou d'intimité : elle peut se faire par les journaux, la télé, par Minitel 3615, par lettre, par télécopieur, par boîte vocale, par téléphone ou par contact direct, par le toucher. Or, la technologie a tellement pris d'ampleur, tellement de place dans nos vies, que les vraies rencontres, les véritables rapprochements d'esprit, de vision et de sentiment sont pour ainsi dire négligés, plus difficiles et, dans certains cas, impossibles ou refusés. Si on appelle la compagnie de téléphone, les chemins de fer, la poste ou telle banque, on nous répond par une voix enregistrée offrant de nombreuses options auxquelles il faut absolument se soumettre si on veut atteindre la personne désirée, pour s'apercevoir en bout de ligne que c'est une autre boîte vocale qui vous dit «ne quittez pas afin de préserver votre priorité». Finalement, on n'a parlé à PERSONNE. Certes, on communique davantage et plus vite, ce qui fait que l'on rencontre de plus en plus d'idées venant de gens de plus en plus nombreux, mais on se rencontre de moins en moins face à face ou en profondeur, ce qui permet à chacun – sous couvert d'intercommunications mondiales – de conserver et de protéger son monde à soi.

Il y a beaucoup de communications au pluriel, mais de moins en moins de communication au singulier. L'idée, le papier et l'image n'unissent pas les gens, ce sont les vivants seuls qui peuvent réaliser cela, des vivants qui se connaissent eux-mêmes et n'ont pas besoin de fuir en parlant constamment au téléphone, en communiquant sans cesse des messages pour n'avoir pas à l'écouter, à laisser monter le silence. On n'est plus à l'écoute, on ne sait plus écouter; bien plus, on **ne veut plus** écouter. Non seulement les outils de communication actuelle n'unissent pas les gens, mais on peut de plus en plus s'entourer de ses jeux vidéo ou encore se créer pour soi un «voyage» dans l'espace virtuel complètement libéré du réel insupportable. Tout cela accentue l'isolement, le monde privé, la fuite. Tout cela favorise l'individualisme exacerbé, la peur de se rencontrer, de s'abandonner, de s'ouvrir à l'autre. On entend davantage, mais on n'écoute plus. On entend afin de n'avoir pas à écouter.

Communication/communion

L'écoute, c'est justement la **communion,** l'unisson dans la rencontre, l'unité de sentiment, l'union des cœurs. Cela dépasse les idées et les émotions, l'agitation de la correspondance. **La communion se fait dans le nous sans aucun moi, alors que la communication se fait dans le nous composé de moi nombreux.** En effet, la communication accentue la personne, le moi, elle le disperse, lui donne de l'importance, gonfle son influence. Elle donne l'impression de créer de l'unité, d'unir les gens, de créer «un réseau à travers le monde», mais **à travers le moi, rien ne s'unit, rien n'est unifié.** Au contraire, tout se divise et se morcèle progressivement. C'est que la communication veut imiter la communion des êtres – l'unisson des cœurs – en rapprochant entre elles les oreilles, les bouches, les idées.

Mais c'est ce courant qu'a choisi de suivre la société. On y entend des sons, des musiques enveloppantes, on y regarde des films, des images, on s'envoie télécopies, coups de fil, télégrammes, messages par boîte vocale, messages par Internet, mais on ne sait plus ÉCOUTER. Car cela prend de l'attention, de la patience, et même une absence d'intention, de but à atteindre, de profit à escompter. «Entendre» se fait au niveau des oreilles, mais «écouter» est une ouverture du cœur; c'est un espace ouvert sans attentes; et la technologie n'a pas de cœur, elle ne connaît ni l'amour ni la compassion. Elle ne peut remplacer la présence. Elle ne peut cultiver que l'absence.

Certes, il faut bien le reconnaître, le sens de l'autre, l'écoute de l'autre et, ultimement, le sens du devoir envers les autres, ne pourront jamais être imposés. Le sentiment d'appartenance ne peut venir que d'une transformation du regard, d'une ouverture intérieure, de cet espace ouvert sur la vie. On ne peut sentir profondément le «nous» si on est emprisonné dans un «moi».

Mais il n'y a en réalité que le «nous» qui existe. Comme nous le verrons dans la seconde partie, le moi est une fumisterie. C'est lui qui empêche d'être conscient de l'ensemble, d'être uni à l'environnement, à tout ce qui existe. On ne peut être désintéressé, c'est-à-dire libéré de ses propres intérêts, que dans la mesure où le moi insécure et avide a été reconnu. Alors la spontanéité, la générosité, la simplicité reprennent leur lieu naturel, leur vraie place, c'est-à-dire tout l'espace.

Vers l'éveil

Comme l'écrit Wilber, «l'éveil fondamental, la conscience immédiate, c'est ce que nous avons, c'est tout ce que nous avons; tout le reste est phénoménal» (p. 359). Autrement dit, tout le reste est anecdotique, politique, journalistique, en référence continuelle au drame personnel, à ses attentes et déceptions. Tout le reste, c'est ce qui se passe dans le monde lorsque règne la conscience plafonnée et l'incapacité de vraiment sortir de soi. Pourtant, dit Wilber au même endroit, «l'esprit n'est pas quelque chose de difficile à trouver, c'est plutôt quelque chose d'impossible à éviter!»

Il est évident que l'on ne peut **réprimer** les droits essentiels de la même façon que l'on ne peut **imposer** les devoirs semblables. Et comme on ne peut obliger au devoir, on ne peut non plus – par de la coercition ou même par des campagnes de propagande – empêcher la violence, l'intolérance, la guerre ou l'expansion de la drogue. Car c'est la croyance au moi qui entretient tous ces feux, comme c'est la violence du moi qui, les ayant créés, voudrait du même coup les détruire. Vouloir imposer la paix, la cessation de toute violence ou même vouloir intervenir pour arrêter une guerre est aussi absurde et inutile que vouloir forcer quelqu'un à aimer, à comprendre, à changer d'attitude. Ceux qui veulent se détruire n'entendent pas le message du pardon et de la paix et vouloir le leur imposer de l'extérieur, c'est participer soi-même à cette violence. Si on réussit à arrêter un conflit de l'extérieur, il va toujours reprendre comme on le voit dans les incessantes tentatives de paix récentes. La paix ne peut venir que de l'individu et ne naît que dans le cœur de chacun. Seule l'absence de guerre intérieure peut faire cesser les guerres extérieures. Lutter contre tout ce qui est perçu comme répréhensible ou indésirable, c'est lutter contre les produits d'une illusion : le moi.

La guerre est dans le moi

Chacun doit donc trouver sa propre réponse au dilemme (holon) des droits/devoirs, c'est-à-dire de l'individu/société. La réponse ne peut venir d'aucune autorité extérieure, mais d'une recherche exhaustive qui pousse à se demander «qu'est-ce que la vie? qu'est-ce que la souffrance? que suis-je? qu'est-ce que le moi?» C'est alors seulement que peut cesser tout déchirement individuel. C'est seulement dans la reconnaissance de sa guerre intérieure que la guerre extérieure pourra un jour cesser. La paix ne viendra pas au moyen de concerts pour la paix ou de nobles chansons telles que *Quand les hommes vivront d'amour;* c'est seulement une fois que chaque individu aura fait la paix avec lui-même. Mais, pour que cela se fasse, il faut consentir à rencontrer sa guerre, sa violence, sa haine.

La cause de tous les maux dont souffre l'humanité, quel que soit le système politique, la race ou la religion, c'est la croyance enracinée qu'il existe un moi. C'est ce qu'on appelait naguère la chute originelle (de la Conscience au moi), l'illusion d'être séparé de la Source.

Or, l'éveil ne peut être un courant démocratique : il n'appartient jamais à la masse, mais surgit individuellement, alors que le sommeil (la méconnaissance de son illusion) est justement affaire de masse. Et, comme chaque individu crée son propre moi, c'est seulement dans l'individu que peut se «décréer» le moi, en le regardant patiemment, sans jugement, sans attente, dans l'humilité.

6

ÉGALITÉ

«Dans cette société, tous sont égaux,
mais certains sont plus égaux que d'autres.»

(George Orwell, *Animal Farm)*

Si l'égalité des droits a été soutenue depuis la Déclaration d'Indépendance d'Amérique, cependant, dans les faits, l'égalité s'avère un mythe pur et simple. En effet, dans ce chapitre, il apparaîtra que l'**égalité de droit** est constamment et radicalement contredite par l'**inégalité de fait.**

Lors de sa fameuse révolution, la France déclarait que «sont admissibles tous les citoyens à toutes dignités, places et emplois selon leur capacité et sans autre distinction que celle de leurs vertus et de leurs talents.» Cela ressemble beaucoup à ce qu'écrivait George Orwell : «Tous sont égaux, mais certains le sont plus que d'autres!» En effet, «les autres distinctions» auxquelles on renvoie sont très nombreuses et ce sont elles justement qui annulent la possibilité même d'une véritable égalité. Car la loi ne peut **ni abolir ni définir** les différences infiniment multiples existant entre personnes d'un seul pays; ce serait encore plus impossible pour plusieurs pays réunis et complètement impossible pour le monde entier. Les faits débordent infiniment les lois.

Les classes

L'inégalité se découvre à tous les niveaux et dans tous les secteurs : ressources naturelles des pays et régions, exploitation possible de celles-ci, différence d'intelligence, d'esprit pratique, d'aptitude, de talent, d'inventivité, de compétence naturelle ou apprise. Les classes sont demeurées même après qu'on a tenté de les abolir en 1789. Il y avait alors et il y a toujours la classe **supérieure** (favorisée, celle qui s'établit par le succès, l'éducation, la richesse, la consommation, la mobilité, l'indépendance, le pouvoir); la classe **moyenne** (les «collets bleus», la petite bourgeoisie, la classe qui se défend assez bien, mais qui paie les impôts); et la classe **inférieure** (celle qui n'y arrive pas du tout : les pauvres, les analphabètes, les sans-emploi, les laissés pour compte, les dépendants). Quoi qu'on fasse, ces classes persistent, fluctuent, se recomposent sans cesse[1].

Mais à travers ces classes, il y a aussi des degrés multiples et indéfinissables : couleur de la peau, santé, sexe, gènes, situation de famille, caractère, goût du travail, persévérance, éducation, milieu, etc. En somme, l'égalité en république ou en démocratie est non seulement un leurre, mais tout simplement un mythe.

---

1. Déjà, dans *L'introduction à la politique* (Gallimard, 1946), Maurice Duverger écrivait : «Les inégalités persisteront par la nature même des choses... Même en régime socialiste, les inégalités ne resteront pas purement individuelles. Les classes ne disparaîtront jamais complètement parce que les enfants des individus mieux doués, occupant les postes les plus élevés de la société, auront toujours des chances plus grandes que les fils des individus mal doués situés aux postes inférieurs... Une autre division en classes paraît plus difficile encore à supprimer : celle des hommes et des femmes... Et... les conflits de générations ne semblent guère pouvoir disparaître non plus.» (p. 343)

La richesse divise

Mais la plus grande inégalité qui est, celle-là, autant une cause qu'un résultat de toute position sociale, c'est évidemment la richesse. De toute façon, dit Lasch, dans *The True and Only Heaven,* «l'égalité économique ne peut se réaliser dans un système de production aussi avancé que le nôtre. Ce qui n'est pas évident, c'est que l'égalité suppose maintenant un standard de vie plus modeste pour tous et non plus (comme on l'a pensé trop longtemps et obstinément) une extension des niveaux de vie dont jouissent les classes favorisées... L'égalité du siècle qui s'en vient exigera la reconnaissance de limites, à la fois morales et matérielles, reconnaissance qui rencontre peu de soutien dans la tradition du progrès.» (p. 531 et ss.) Il continue en énumérant les conditions d'une telle reconnaissance : **une production à petite échelle** (comme l'avait suggéré Schumacher), **une décentralisation politique** (ce qui est loin de vouloir s'accomplir) et **une critique continuelle du progrès illimité.**

La démocratie crée des égaux?

La démocratie, dans la mesure où elle favorise le consensus de la majorité – dans le domaine de la politique, de la pédagogie et de la consommation de masse –, tend fortement vers une certaine égalité, c'est-à-dire que c'est la masse (la majorité) qui nivelle les différences. Ainsi, les écoles seront gérées selon un modèle unique, suivant un seul moule, avec examens et curriculum identiques ou similaires, de façon à créer un sujet (l'élève) facilement maniable et assimilable par la machinerie sociale.

Comme le dit le sociologue canadien Jacques Grand'Maison, dans *De quel droit?*, sans cette égalité créée par la masse – sans cette nivellation –, la démocratie tendrait vers l'élitisme; mais sans le goût du dépassement, de l'excellence – la présence d'une élite –, la démocratie deviendrait une vaste médiocrité. (p. 73)

Lasch affirme du reste que selon la démocratie, le véritable idéal est de créer une bonne ou belle vie, une vie heureuse, entendant par là «la vie ordinaire : la vie de production et de reproduction, de travail et de famille. La belle vie ne se trouve pas dans quelque activité élevée, telle que la contemplation ou l'ascétisme religieux. Elle se trouve au cœur même de l'existence quotidienne... Les biens "élevés" ont souvent servi à justifier le statut privilégié de la classe "supérieure", ceux qui avaient le loisir de contempler ou qui s'étaient consacrés à l'ascèse religieuse ou encore qui cherchent l'honneur et la célébrité de la vie publique.» (*Minimal Self,* p.144)

Majorité/médiocrité

Donc, pas d'envol, pas de transformation intérieure, pas de questionnement radical. On a nettement l'impression que dans l'effort de garder la ligne médiane entre deux extrêmes, c'est justement la médiocrité qui finit par triompher. Mais Lasch reconnaît du même coup le danger constant de cette médiocrité dont parlait Grand'Maison. En fait, c'est ce mot qui selon lui décrit le mieux l'Amérique d'aujourd'hui : il parle de «notre obsession du sexe, de la violence, de la pornographie, de réussir à tout prix, de notre dépendance vis-à-vis des drogues, des divertissements et des nouvelles du soir, de notre impatience devant tout ce qui limite notre souveraine liberté de choix, surtout en ce qui regarde les liens du mariage et de la famille, de notre préférence pour des "engagements qui ne vous lient pas", de notre système éducatif de troisième classe, de notre moralité de troisième classe, de notre refus de distinguer entre bien et mal, de peur d'"imposer" notre moralité aux autres et ainsi les inviter à nous "imposer" la leur... Notre indifférence à l'égard des générations futures est manifestée par l'héritage de la dette nationale que nous leur préparons, par les armes massives de destruction que nous leur laissons volontiers...» (pp. 33-34)

Mais ne serait-il pas possible d'éviter cette médiocrité ou ce mauvais «élitisme» et de redonner sa place au goût de l'idéal, de la beauté, à l'appel de la créativité, de la grandeur et de la générosité? N'y aurait-il pas moyen de créer une société où des élites reconnues et encouragées joueraient un rôle de semeurs, de guides, d'ombudsman dans les domaines clés de l'éducation, de l'écologie, de la politique et de l'économie? Je crois vraiment que cela serait possible. Je crois même que pour tenir en équilibre les deux pôles d'une démocratie – le peuple, le gouvernement –, il serait nécessaire de créer un **collège d'ombudsman.** En effet, les démocraties où le peuple est nombreux sont de plus en plus difficiles à maintenir ou même à réaliser, étant donné que de toute évidence la démocratie fonctionne mieux ou plutôt qu'elle ne fonctionne bien que dans des groupes restreints. Il se pourrait donc que pour rendre la démocratie moins oligarchique, il faille un groupe intermédiaire qui puisse à la fois servir et protéger les demandes du peuple et inspirer, morigéner, redresser les gouvernants qui oublient constamment qu'ils sont au service des gens et qu'ils ne sont pas dans un quelconque régime féodal.Voici en quoi pourrait consister ce groupe.

LE COLLÈGE D'OMBUDSMAN

Comme on ne peut être une élite en tout et en tout temps, les élites ici choisies seraient actives en tant qu'élites d'un domaine très spécifique. Elles devraient suivre un code d'éthique hautement surveillée par l'opinion publique et ne seraient pas rémunérées pour leurs services. Elles jouiraient en revanche de deux privilèges : premièrement, elles s'exprimeraient en toute liberté sur les situations, les pratiques excessives, les déviations, les manques des individus, des groupes et des institutions, n'ayant en cela de compte à rendre à personne et, deuxièmement, leurs décisions, critiques et suggestions auraient pour ainsi dire la force d'une loi, c'est-à-dire d'une autorité qu'il serait imprudent de ne pas écouter. Ces élites seraient nommées par simple acclamation, à cause de leur éminente contribution, de leur vie exemplaire et de leur créativité remarquable. Ces protecteurs du citoyen seraient choisis dans tous les secteurs de la société, parmi les paysans, les ouvriers, les mères de famille, les infirmières, les pompiers, les enseignants, les artistes et, pourquoi pas, même parmi les intellectuels!

Chaque personne serait choisie pour **sa compétence et son expertise** (créativité et vision) dans un domaine particulier, pour **son intégrité** (ni achetable ni démagogue) et pour **sa sagesse** (pondération, calme, compassion). Ces groupes d'élites seraient nommés pour un temps, par exemple pour sept ans. Ils agiraient dans le but unique de servir, d'inspirer et d'éclairer. Ce serait, par conséquent, des personnes qui ont achevé leur carrière et qui n'ont plus de famille à soutenir. L'État se chargerait de pourvoir à leurs besoins de base, sans plus. Ces personnes de service (de véritables «ministres», c'est-à-dire serviteurs) pourraient inspirer les générations montantes, puisque l'éducation se fait autant sinon tout d'abord par l'admiration d'un modèle, que par le talent ou l'application du sujet lui-même.

La démocratie est-elle possible?

De toute façon, comme les classes sociales existent et existeront, les élites existeront tout comme les non-élites, les majorités, pour ne pas dire les «médiocrités». Du reste, selon Kenneth Clark, «les Américains n'ont jamais vraiment cru à l'égalité des chances pour tous. Leur reconnaissance de l'égalité était surtout verbale.» (Lasch, *The True and Only Heaven,* p. 441)

La démocratie est un système impossible, mais probablement le seul possible pour les gens d'aujourd'hui. Car il faudrait des dirigeants et des citoyens libres, conscients et responsables pour que fonctionne la démocratie. Comme il y a déjà dans le concept de la démocratie une certaine méfiance à l'égard de toute forme d'élitisme, de dépassement, de consécration à l'excellence, il y a par le fait même une tendance à l'infantilisme, à la dépendance, au laisser-faire, à la médiocrité. Dans une démocratie d'aujourd'hui, le niveau de conscience tend vers la jouissance des biens de consommation, plutôt que vers la liberté intérieure et un sens accru de la dignité humaine. Le divertissement et la consommation font baisser le niveau de conscience vers une sorte de culture de masse vulgaire, opaque et intéressée.

Pour que le «nous» de la démocratie puisse fonctionner de façon saine et équilibrée, favorisant l'accroissement de la conscience et de la participation dans le peuple et exigeant simultanément une conscience et une compassion plus élevée chez les dirigeants élus, il faudrait un changement de conscience que ne garantit d'aucune façon la démocratie. La conscience de l'ensemble devra passer par une transformation pour que la véritable autogérance des individus et en fonction de l'ensemble puisse enfin se réaliser. (Pour que le «nous» ne soit plus fait de «moi» séparés, mais que le «nous» soit sans «moi».)

Ce n'est que dans la Conscience éveillée que l'être humain pourra se «perdre» dans l'ensemble. Mais il ne peut s'y perdre, puisqu'il n'existe qu'en tant que nous, en tant que tout. Il n'existe déjà plus comme fraction, le mien et le tien sont abolis dans le nous. Voilà ce que vise vraiment la démocratie : des individus ouverts et libres de tout égoïsme vivant ensemble. C'est là son idéal, c'est là même sa condition essentielle... et cependant inatteignable. Car on ne peut obliger les gens à la liberté ou à la maturité que requiert une véritable démocratie.

«Dans notre pur esprit, il n'est pas de différence entre les êtres vivants et les Sages, les montagnes et les fleuves du monde, ce qui a forme et ce qui n'en a pas. La totalité des univers de tous les espaces y forme une parfaite égalité sans les caractères particuliers du "soi-même" et de "l'autre". Cet esprit primordialement pur est toujours en plénitude et sa luminosité éclaire toutes choses. Ne l'ayant pas réalisé, les gens du commun confondent cet esprit avec leur conscience ordinaire.» (Houang-Po, bouddhiste Ch'an)

7

LIBERTÉ

«Dans le monde phénoménal, tout est lié.
Le corps et la pensée sont complètement conditionnés.
La seule liberté, c'est de voir ces conditionnements.
Vous pouvez être libres du conditionnement.
Mais le corps et la pensée seront toujours conditionnés...»

(Éric Baret, *L'eau ne coule pas,* p. 34)

Le «droit» à la liberté

Lénine a lancé la phrase célèbre «La liberté, pour quoi faire?» que Bernanos a reprise avec bonheur dans un livre portant ce titre. Mais le mot liberté, ainsi que les mots amour, vérité et Dieu, sont aujourd'hui complètement éculés, vidés, épuisés. Du reste, dans l'expression «le droit à la liberté», les deux substantifs, droit et liberté, sont tous deux fondés sur un malentendu. J'ai déjà parlé du droit à la vie, au bonheur, à l'égalité. Les trois droits n'en sont pas, les deux premiers parce que l'organisme vivant les comprend naturellement comme allant de soi et, le troisième, parce que l'égalité si noblement déclarée et enchâssée dans les constitutions n'est en aucune manière respectée. Du reste, elle ne peut l'être à cause de la variété infinie de conditions et de conditionnements qui existent à l'intérieur de la société.

Quant à la liberté, elle non plus n'est pas un droit qui peut être accordé de l'extérieur, puisque la liberté comme la vie est constitutive de l'organisme humain. Si l'humain n'est pas libre de respirer (de vivre), de manger, de bouger, d'agir, de parler, de penser, etc., ce n'est tout simplement pas un être humain : c'est un être tronqué. On ne déclare libre l'être humain que lorsque et parce qu'il est enchaîné par la coercition et la barbarie des gouvernements. Ainsi, au temps de l'esclavage, si un esclave était affranchi, il joignait le rang des Hommes «libres», c'est-à-dire non asservis. Mais aujourd'hui, il n'y aurait plus nécessité d'un tel affranchissement, sauf évidemment sous la férule de tyrans qui, hélas, encombrent encore la planète. Ceux qui vivent sous cette tyrannie sont souvent privés des libertés les plus fondamentales. Ils sont réduits à l'état d'animal.

Liberté animale et humaine

Justement, nous pouvons comprendre ce qu'est la liberté humaine (toujours selon la conscience ordinaire) en la situant par rapport à celle de l'animal. Un animal perd sa liberté lorsqu'il est encagé, enchaîné, attaché. Autrement, on dit qu'il est «en liberté» comme le sont tous les habitants de la jungle. Car l'animal **est** son corps et ne peut se distancier du corps par un acte mental. C'est tout l'animal qui est lié lorsque l'est son corps. Mais en revanche, un humain peut être emprisonné et ligoté et **pourtant sa liberté peut n'être en aucune façon menacée.** C'est que la liberté humaine n'est pas uniquement affaire de corps, mais sourd de l'intérieur de l'être. En effet, combien de prisonniers au cours des âges ont connu un total affranchissement de l'esprit et du cœur, même alors qu'on les tenait enfermés. Il y a de cela plusieurs exemples frappants : Nelson Mandela, Anouar El Sadat, mais surtout Jacques Lusseyran et Etty Hillesum qui, tous deux, connurent le camp de concentration tout en demeurant parfaitement libres intérieurement. C'est l'esprit qui est libre en nous et non le moi.

(Voir Jacques Lusseyran, *Et la lumière fut,* éd. Les trois arches, 1987; Etty Hillesum, *Une vie bouleversée*, éd. du Seuil. Quant à Lusseyran, il fut aveugle à huit ans et, en 1940, à dix-sept ans, il fonda une cellule de la Résistance dont il fut le chef jusqu'à ce qu'il soit trahi et emmené avec ses soixante corésistants à Buchenwald où ils demeurèrent presque deux ans. Pendant tout ce temps, il a toujours senti au fond de lui une joie et une lumière extraordinaires. Il disait : «C'est le fait d'être aveugle qui m'a permis de voir... Dieu seul existe.»)

La licence

La plupart des gens vivent dans une liberté animale qui consiste à se promener ici et là comme on l'entend et à faire ce que l'on veut quand on le veut. En fait, la plupart des contemporains considèrent leur liberté comme une licence, c'est-à-dire comme une permission de «faire tout ce qui me plaît», «de dire ce que je veux quand ça me plaît», «de faire jouer ma radio très fort en décapotable, dans mon appartement ou sur mon balcon», «d'envoyer promener qui je veux et dans le langage qui me plaît», «de baiser qui je veux», «de me donner un "buzz" autant que je le veux», peut-être même «de tirer sur quelqu'un qui m'"écœure" et pourquoi pas?»

La vraie liberté n'est pas de faire, de dire ou de penser ce que l'on veut, mais d'être libre vis-à-vis de ce que l'on fait, dit et pense.

La liberté vraiment humaine

Il est remarquable que chez l'animal la **licence** n'existe pas : chaque animal est organiquement encadré et programmé par son instinct. L'humain peut être soit licencieux, soit libre à la façon animale, mais sa véritable nature s'exprime par la liberté de la conscience. C'est pourquoi, justement, on parle de conscience libérée ou tout simplement de libération. Cette forme de liberté radicale naît lorsque meurt le moi. Lorsqu'on est identifié à un moi social, à une entité individuelle, on peut être libre à la façon animale, on peut même être assez libre de l'extérieur, mais on n'est aucunement libre par rapport à ses propres conditionnements : ses peurs, désirs, attentes, passions, limites, faiblesses et drames passés. Or, la liberté spirituelle, la seule vraie liberté, commence lorsqu'on voit avec ses tripes que l'on a toujours vécu comme si on était quelqu'un, une personne, un centre du monde. Cette révélation-choc est le véritable commencement de la liberté : **on est libre lorsqu'on a pleinement reconnu qu'on ne l'était pas du tout.** Ou, comme le dit Jean Klein : «La seule liberté que nous ayons, c'est d'être libre de la personne.»

On est alors libre sans références, c'est-à-dire non pas libre de faire ou de ne pas faire, de parler, de partir, d'agir ou non, on est libre sans compléments, simplement libre. Il n'y a plus de pressions extérieures ni intérieures, plus de désirs, plus d'attentes, plus de regrets.

Le mystique soufi, Abd el-Kader (XIXe siècle) fait allusion à cet état de liberté sans objet en parlant de l'action de Dieu : «L'univers n'est rien d'autre que les actes d'Allah et ceux-ci sont tous intransitifs (ils se suffisent à eux-mêmes et n'ont pas besoin de compléments). Allah n'a pas d'actes transitifs, lesquels supposeraient un complément distinct de Lui et dont on pourrait dire qu'il est "autre"... Allah n'a pas d'"autre" ni de "complément" doté d'existence séparée... L'acte d'Allah n'a de réalité qu'en Lui seul (sans nécessité d'un "objet" qui serait le complément du Sujet divin) et est inséparable de Lui.» (*Mawqif,* p.275)

On peut alors mesurer la distance entre **cette liberté divine qui est la vraie liberté humaine** et la liberté telle qu'entendue habituellement. C'est de cette fausse liberté dont parle Françoise Sagan, une femme typiquement moderne, lorsqu'elle dit que «tout être humain est libre si sa liberté n'atteint pas celle des autres.» C'est là la liberté de la conscience plafonnée, emprisonnée. Certes on peut se dire libre d'agir comme on le veut et de prendre des drogues à sa guise, mais toute dépendance est **incluse** dans cette liberté, telle que l'entend la masse. Ce n'est pas de la liberté, mais un tissu de dépendances, d'attentes et d'habitudes inconscientes, occultées. C'est une liberté qui est toujours menacée et défendue parce qu'elle est basée sur la peur.

Liberté/insécurité

Comme le dit Pascal Bruckner, cité plus haut : «La contrepartie de cette liberté que nous avons obtenue (dans les sociétés démocratiques), c'est l'absence de sécurité. Nous avons perdu la sécurité qui était celle des sociétés traditionnelles où chacun était assigné à une place... et n'en sortait pas. Au moins, les gens **savaient qui ils étaient. Nous ne le savons plus.**» (On connaît encore cette sécurité dans l'Inde traditionnelle, c'est-à-dire dans la campagne indienne.)

Ce besoin de sécurité créé par son absence, ajouté à l'inconnaissance de soi-même, font que le citoyen des pays développés a non seulement perdu sa liberté, mais ne veut pas prendre les moyens pour l'atteindre. On est amené à reconnaître hélas que les gens ne veulent pas être vraiment libres. «La liberté est trop difficile à porter», reconnaissait l'écrivain Jean Pauhan. Mais c'est Dostoïevski, dans son grand roman *Les Frères Karamazov,* qui a exprimé cette réalité avec le plus de force. L'épisode en question s'appelle «La rencontre entre le Christ et le Grand Inquisiteur», Torquemada. On sait que, dans les années 1200, l'Inquisition faisait rage et ravages à travers l'Europe, punissant par le gibet, le bûcher ou les tortures raffinées tous ceux qui voulaient se libérer du joug de l'Église. Un jour, le Grand Inquisiteur reçoit la visite du Christ réapparu sur Terre. Il dit à son auguste visiteur qu'il faudra de nouveau le faire périr, puisqu'Il apporte aux humains la liberté, alors qu'ils n'en veulent pas. «Il n'y a rien de plus intolérable pour l'homme et pour la société humaine que la liberté.» Ce qu'ils veulent, c'est ce que l'Église leur donne : la soumission, la dépendance, la sécurité, la dispense de penser par soi ou de prendre sa vie en main. Ce que les gens cherchent toujours, c'est un cocon permanent et confortable, une assurance de sécurité, si possible même éternelle, comme croyait le promettre l'Église. Mais surtout pas la liberté, c'est trop lourd et tout d'abord trop dangereux.

Les choses n'ont pas changé. Dans le domaine de la conscience plafonnée, tout ne fait que se répéter et tourner en rond comme un animal en cage. Car on ne sort pas de son esclavage aussi longtemps qu'on ne veut pas reconnaître celui-ci. Et la machinerie de propagande et de manipulation qu'est devenue la société moderne nous dispense de vouloir être libres.

Elle nous nourrit à la cuiller, elle satisfait tous nos «besoins» (désirs), elle nous donne toutes sortes d'assurances. L'État-providence est devenu une monstrueuse garderie.

Mais il faudrait savoir ce qu'on veut : vivre dans la sécurité complète ou être libre, c'est-à-dire **être complètement à l'aise dans l'insécurité?**

8

FRATERNITÉ

On s'aperçoit aujourd'hui que le slogan révolutionnaire «Liberté, Égalité, Fraternité» était un rêve complètement utopique, une création mentale détachée des faits, une invention d'intellos avides de changer le monde sans se changer eux-mêmes. Cela est encore plus évident si l'on examine l'idéal de la fraternité nationale ou universelle.

Le mythe de la fraternité

Voyons tout d'abord la fraternité universelle. Bien que j'aie déjà parlé en général du «sens communautaire», je voudrais ici m'attarder au fait que la démocratie actuelle rend difficile la fraternité. «La capacité d'être loyal n'est pas possible si on étend la solidarité à la race humaine entière, dit Christopher Lasch. La loyauté ne peut s'attacher qu'à un peuple et à un pays spécifiques et non à un idéal de droits universels abstraits. Nous aimons **des hommes et des femmes en particulier et non l'humanité** en général (mes soulignés). Le rêve de fraternité universelle, étant appuyé sur la fiction sentimentale que les hommes et les femmes sont tous semblables, ne peut survivre à la découverte qu'ils sont différents.»

Même les plus beaux sentiments enchâssés dans les poèmes inspirés et inspirants, les drames ou les chansons des grands poètes-chansonniers, ne peuvent unir les humains ou les faire s'aimer mutuellement à travers pays et cultures. Même une chanson aussi vibrante que *Quand on n'a que l'amour* ne suffit pas à changer les cœurs; elle nous rend humides quelques instants puis, l'heure d'après, on a repris sa sécheresse habituelle.

La fraternité «entre nous»

Il est évident que la fraternité n'est opérante qu'entre des amis ou des connaissances ou, encore, parmi les gens d'une même contrée. De la même façon, il nous apparaît clair aujourd'hui que la démocratie ne fonctionne bien qu'en groupes restreints. La population augmente à un rythme fou et, dans certains continents, les pays ont de plus en plus tendance à se fusionner, à se fédérer, de sorte que les pays à petite population sont de plus en plus rares. La démocratie à l'échelle de tout un pays, surtout s'il est très peuplé, exige une énorme machinerie bureaucratique, ce qui veut dire une **centralisation excessive,** une **absence de transparence** (la langue de bois), une **communication laborieuse et lente,** une **législation beaucoup trop lourde** et, par conséquent, un **imbroglio du système judiciaire** qui signifie des attentes interminables (surtout pour les petites gens).

On peut donner la main à des multitudes comme le font les hommes de la politique et de la religion, mais on ne peut vraiment rencontrer que certaines personnes. On ne communique que s'il y a une base d'entente, une expérience commune et un milieu partagé. C'est que le vécu, pour qu'il soit partagé, pour qu'il soit un réseau de liens, a besoin d'un grand nombre de rencontres répétées (comme en éducation «une continuité de rapports»), et cela ne peut se faire qu'entre voisins d'une province, d'un village ou d'un secteur de sa ville.

La démocratie locale

«Le gouvernement du peuple par le peuple» – définition classique de la démocratie – ne peut fonctionner au-delà du niveau local, disait, dans les années 40, John Dewey, le philosophe-éducateur américain. Mais l'idée que la démocratie fonctionne mieux au niveau local est reprise aujourd'hui par des intellectuels de premier rang : Christopher Lasch (philosophe et écrivain), Benjamin Barber (professeur de Sciences politiques à Rutgers University), Dan Kemmis (auteur et maire de Missoula, Montana). («Who Owes What to Whom?» (Qui doit quoi à qui?), *Harper's Magazine,* février 1991)

Aussi, les citoyens ont-ils raison de se rassembler pour régler leurs propres problèmes, pour se donner plus de pouvoir, pour reprendre celui qui est enlevé par un gouvernement abusif, pour retrouver un peu de fierté et surtout pour accroître leur sens de responsabilité collective.

Hélas, la société d'aujourd'hui ne soutient pas spontanément les efforts que font les groupes locaux pour s'entraider et résoudre leurs problèmes. «Le dogme de l'individualisme et de la consommation va à l'encontre de l'idée de responsabilité collective», écrit Yves Hurtubise (*Possibles,* vol. XVIII. n° 3, été 1994, p. 93). Cet individualisme et cette course à la consommation sont les produits d'une démocratie où le fait de consommer devient pour le peuple une des principales façons de participer au pouvoir.

Selon William Ninacs, chercheur en économie et grand humaniste, la démocratie locale s'exprime par de la coopération, des groupes d'entraide, des réseaux de soutien dont les caractéristiques sont la structure de petite taille, l'aspect bénévole et le souci d'un besoin commun. Cette démocratie à échelle locale éveille et stimule les valeurs de solidarité, ce qui va directement à l'encontre du cancer individualiste. On créera ainsi des cuisines collectives, des cercles d'emprunt, des clubs alimentaires, des dépanneurs, des coopératives d'habitation. Cette prise en charge d'un petit groupe ou d'une collectivité de dimension modeste s'appelle ***empowerment,*** c'est-à-dire une prise de pouvoir collective où chacun a son mot à dire, ce qui permet au groupe de décider de son destin collectivement. Plus précisément, c'est une prise en charge des processus de décision, qui doit déboucher sur l'action. Car sans action, ce n'est qu'un processus psychologique. C'est ce passage à l'action qui est menaçant pour les pouvoirs en place. Ce processus engage à la participation et à la prise de conscience collective et politique.

Mais comme ces efforts rencontrent peu d'appui d'un public axé sur la satisfaction de ses désirs et d'un gouvernement obsédé par la production-consommation – et donc par la compétition –, il est clair que les groupes qui assument leurs responsabilités vivent de grandes difficultés et sont perçus par la majorité comme des trouble-fêtes. «La philosophie de l'entraide va présentement à l'encontre du néolibéralisme dominant. Ce qu'il faudrait, tranche Hurtubise, c'est un modèle de société qui ne soit axée ni sur la consommation ni sur l'individualisme, sans être pour autant un État-providence. Quelque chose qui soit entre les deux...» C'est-à-dire un exercice d'équilibre sur un fil de rasoir!

La vraie fraternité

La véritable fraternité ne peut dépendre que de l'organisation ou des efforts collectifs d'entraide et de soutien. Elle ne pourra se réaliser que si les humains reconnaissent individuellement qu'ils sont **un** plus qu'ils ne sont **divisés,** que leur diversité est un signe même de l'unité qui en est la source. C'est l'unité diversifiée. Ils sont, en effet, absolument divers et différents en apparence, mais leur source commune est unique et absolue. Le multiple renvoie à l'un et l'un se manifeste par le multiple qui en déploie la richesse, la créativité, l'infinie beauté.

Cette unité de conscience n'est possible que par la reconnaissance de nos limites, de nos différences et de l'illusion d'un moi séparatiste que chacun entretient secrètement. Et c'est peut-être par la communication entre individus que le **silence unitif de la source** va commencer à se manifester. Toutefois, comme je l'ai déjà dit, cela ne pourra se faire au niveau de la masse, d'un pays ou même d'une région. Tout comme la vraie démocratie ne peut s'exercer qu'en groupes restreints – villages, villes, comtés, provinces –, la vraie communication ne se fera pas par le télécopieur, la télé ou l'Internet, mais par le dialogue entre membres d'un groupe. Et tout d'abord par le dialogue sans concession avec soi, c'est-à-dire par la reconnaissance de cette illusion que l'on entretient au sujet du moi.

Un vrai dialogue

Le dialogue entre individus, tel qu'entendu par le savant britannique David Bohm et pratiqué en Angleterre, aux États-Unis ainsi qu'au Québec par Mario Cayer, n'est pas une simple conversation entre amis. Le dialogue dont il est question est tout à fait particulier en ce qu'il veut ébranler les prétentions et préjugés de chacun, les présupposés tacites et souvent volontairement occultés. Le vrai dialogue suppose que les interlocuteurs aient reconnu leurs présupposés. Il ne suffira pas, en effet, que chacun des participants expose simplement son opinion. Cela se fait déjà depuis des siècles dans les parlements du monde où il n'est jamais requis d'exposer tout d'abord ses préjugés!

Car c'est l'écoute de soi qui seule permet l'écoute de l'autre et, éventuellement, de ce qui est tout autre : l'inconnu. Dans le dialogue – réunissant au début une quinzaine de personnes –, il ne s'agit pas d'arriver à une «entente», mais à une «écoute». Pas simplement entendre l'autre, mais l'écouter, c'est-à-dire le recevoir ouvertement. Cela signifie écouter l'autre sans laisser monter les jugements tout faits sur sa personne et sans préparer à l'avance la réponse ou la réfutation, mais en demeurant dans le silence de l'ouverture. C'est un exercice d'insécurité.

Comme on peut l'imaginer, ces rencontres sont très difficiles au début, puisque, comme il n'y a pas de sujet pré-établi, le fait d'avoir tout d'abord à s'entendre sur un sujet fait déjà ressortir les tiraillements, les préjugés, les volontés de dominer et d'avoir raison. **Or, ce sont ces éléments-là justement qui sont le sujet**

du dialogue. Aucune recherche de la vérité, aucun but à atteindre, aucune décision ou conclusion à arrêter. C'est le questionnement ouvert qui compte (tout comme dans la voie spirituelle, comme on le verra en deuxième partie). La réponse cherchée se trouve dans l'attitude de questionnement.

Encore une fois, la vraie fraternité – le «nous» – présuppose l'absence des «moi». C'est-à-dire que le présupposé à tout amour, c'est qu'il n'y ait pas de personnes, d'entités séparées. On n'a pas à chercher la communication ou l'entente avec tous les humains, puisque chacun contient l'humanité entière et que les conflits qui sévissent entre ethnies et nations ne sont que la manifestation «en gros» de ce qui se passe «en petit» dans la rencontre de quelques personnes. Résoudre en soi ces conflits, c'est créer la seule base qui puisse exister pour une fraternité. Comme on le voit, la fraternité ne se fait pas par de la sentimentalité, par des paroles et des sourires doucereux et complaisants, des dons de charité ou des actes de commisération. Elle se fait par l'affrontement réaliste, mais sur un arrière-plan d'attention sans attentes, c'est-à-dire d'amour.

La fraternité : une hantise

L'utopie d'une communauté fraternelle universelle n'est pas d'aujourd'hui : c'est un phénomène qui surgit de nouveau à différentes époques-charnières où la confiance dans une société sclérosée s'étant perdue des groupements dispersés tentent de «recréer le monde» sur des bases nouvelles d'inspiration plutôt psychiques et affectives que politiques et économiques.

Telles furent les tentatives suivantes : la communauté pythagoricienne, quelque 500 ans avant notre ère, le christianisme (réagissant à un judaïsme figé), le mouvement monastique du Ve siècle (réagissant à un christianisme impérial), les communautés affectives (franciscains, béguines, Gottesfreunde, en réponse à la scolastique rationaliste du Moyen Âge), les soufis d'Islam (une vision intuitive et mystique répondant à une religion rituelle et desséchée), le mouvement quiétiste français (Pascal, Port-Royal, Mme Guyon, Fénelon, rejetant la religion intellectuelle de l'époque), le mouvement romantique allemand (Goethe, Schiller, Hölderlin, Silesius, cherchant dans la nature un ressourcement de la religion), les communes chrétiennes de Russie (Sirokin, Tolstoï, Kropotkin) et les communautés spirituelles d'Amérique (Quakers, Emerson, Thoreau) à la fin d'un siècle devenu matérialiste et positiviste.

Les sectes

Les nouvelles sectes qui aujourd'hui pullulent à travers le monde, autant au Japon, dans les Amériques qu'en Europe, sont dans la mouvance de ces tentatives périodiques. Comme les précédentes, elles annoncent de façon aussi audacieuse que gauche la promesse d'un âge nouveau qui ne serait plus agressif, rationnel ou dominateur, mais paisible, intuitif et en communion avec toutes choses. L'idée de voir la terre entière comme un jardin paradisiaque et même comme une déesse ou comme la «source de vie» a été développée par le mouvement du «New Age»[1] américain, né à Esalen et répandu comme feu de brousse à travers l'Amérique des années 60.

---

1. Le 11 novembre 1995, une organisation «New Age», aussi connue que cossue, annonçait une conférence à Sainte-Adèle, au nord de Montréal. Je prends la peine de citer le texte de l'affiche, car il est un excellent exemple de la mentalité qui inspire ce mouvement: «... Mme X vous apprend concrètement à **exploiter** votre force intérieure afin d'**améliorer** votre qualité de vie pour enfin **obtenir** ce que vous voulez.» Les mots que je souligne dévoilent clairement l'intention qu'inspire la démarche : exploiter sa force intérieure pour améliorer le moi, tout cela (le but final) pour donner au moi tous les pouvoirs qu'il désire. Il est clair qu'une telle invitation frappe dans le mille! Tel est le vrai visage du «New Age» : il n'a de nouveau que l'habillage, car, au fond, c'est encore le sempiternel pouvoir du moi qu'on veut renforcer.

Les nouvelles sectes (mot qui vient de *sectari,* suivre), nées de ce mouvement, sont des groupes d'individus qui suivent quelqu'un qui a le pouvoir de les séduire et de leur arracher une soumission totale tout en leur fournissant un cocon maternel et une promesse de salut. On peut ramener à quatre les éléments qui caractérisent les sectes d'aujourd'hui :

1) un chef charismatique (qui exerce un pouvoir hypnotique sur ses adeptes);

2) des croyances dogmatiques (qu'on ne peut remettre en question);

3) une dépendance émotive absolue (qui empêche de quitter le groupe);

4) une cession de ses biens ou argents.

Il y a des sectes féroces et d'autres qui sont plus douces. Les premières (l'Aoum Shinrikyo japonais, le groupe de Jonestown, les Davidiens de Waco, le Temple Solaire) dégagent la même énergie que les gangs criminels tels que les Hell's Angels. Par ailleurs, certaines sectes sont plus mitigées, comme par exemple la Méditation Transcendantale que je connais bien puisque j'ai demeuré pendant deux ans en Suisse avec le Maharishi Mahesh Yogi comme son invité. Cette secte comprend tous les éléments, sauf le troisième. (Elle contient aussi le quatrième, mais de façon beaucoup moins accentuée que, par exemple, la Scientologie, l'Aumisme de France ou la secte du «jeune» Maharaji.)

Ces groupes psychomystiques créent habituellement un encadrement qui attire les personnes déçues par les religions officielles. Pourtant, dans ces nombreux groupes para-religieux, il se développe une dépendance vis-à-vis d'autorités parfois despotiques, qui se voient souvent inspirées directement par des entités supérieures et munies d'une mission salvatrice ou apocalyptique. On retourne ainsi dans un cadre qui est la réplique des religions officielles. Du reste, ces autorités peuvent être complètement inventées ou du moins invisibles et jamais incarnées (anges, entités communiquant à travers un «canal»). Ce sont donc des entités qui ne peuvent, par conséquent, aider les pauvres humains à accepter les paradoxes, les limites, les souffrances terrestres. Ainsi, les adeptes de la plupart des sectes s'empêchent-ils d'assumer pleinement leur vie, de retrouver leur pleine autonomie, de quitter le monde du romantisme et de la croyance pour celui des FAITS. Ils veulent vivre en marge du monde. Au fond, ce sont des infantiles qui parviennent difficilement à reconnaître leur illusion, ce qui serait le premier pas vers leur maturation. Et ce qui en fait des marionnettes faciles, ce n'est pas l'absence de développement intellectuel, comme on le voit dans les sectes ci-haut mentionnées, mais l'identification à l'émotivité et au mental : la tyrannie du moi. On peut être un professionnel tout en demeurant infantile au plan affectif.

Mais comme nous le verrons au chapitre suivant, on ne peut vivre en harmonie avec la vie et les êtres vivants qu'en reconnaissant et en acceptant pleinement ses conditionnements, c'est-à-dire en devenant adulte.

9

CONDITIONNEMENTS

«L'autonomie, c'est se rendre compte que le corps
et le mental sont complètement conditionnés.
Il n'y a pas de liberté corporelle et pas de liberté mentale.»

(Éric Baret, *Les crocodiles ne pensent pas,* p. 26)

La nature des conditionnements

Les psychologues américains Watson et Skinner avaient raison de dire que la seule psychologie scientifique qui existe est le behaviorisme. En effet, cette théorie inventée par Watson considère que l'humain n'est qu'un paquet de conditionnements qui le font réagir et le commandent sans merci. Cette théorie ne considérait que les **faits :** les conditionnements qui sont ce qu'il y a de plus factuel en nous. Tout ce que l'on peut connaître chez l'humain lorsqu'on l'examine comme organisme, c'est-à-dire dans ses comportements et ses réactions aux stimuli extérieurs, est factuel, évident, observable. Il est sûr que si l'on regarde l'organisme humain, on ne perçoit que des conditionnements qui ne sont pas tous nécessairement négatifs, mais qui ensemble définissent l'être par ses limites et ses caractéristiques propres, individuelles, inimitables.

Un conditionnement est une situation sous-jacente, un état de fait créé par des conditions innées ou par des habitudes acquises. Ces conditionnements sont inévitables : on ne peut ni les nier ni les changer en substance; on ne peut que les reconnaître et les accepter. Certes, on peut «améliorer» certaines habitudes ou tendances, on peut même en perdre quelques-unes par l'usure, par l'âge, par une attention continue, mais la majorité de ces conditionnements vont demeurer (bien que ce fait-là cesse d'affecter une personne en voie de transformation). En réalité, **le seul conditionnement dont il est essentiel de se libérer, c'est l'habitude de se croire quelqu'un,** conditionnement qui, une fois reconnu, change tout l'être à sa source (mais non dans sa manifestation extérieure). La reconnaissance de ce conditionnement rend **libre** vis-à-vis des autres conditionnements, bien que l'on n'en soit jamais **libéré,** c'est-à-dire qu'il existera toujours des conditionnements.

Les conditionnements sont physiques, psychologiques et émotifs.

Les conditionnements **physiques** sont les suivants : la naissance, la structure du corps, la taille (grosse ou maigre, petite ou grande), l'ossature (solide, fragile), la couleur des yeux, des cheveux (types et abondance de chevelure), les traits («beauté» ou «laideur»), les dispositions génétiques (maladies héréditaires, faiblesses, prédispositions), la constitution nerveuse, hormonale, le pH, la libido (forte, moyenne, faible), le genre d'attraction sexuelle (type de corps qui attire, préférences érotiques), la capacité d'effort et d'endurance, le goût pour telle activité sportive ou autre, le vieillissement, la maladie et la mort propres à tel individu.

Il y a aussi les conditionnements **psychologiques :** le tempérament (violent, passif, actif, doux, artistique), les talents manuels ou intellectuels, les prédispositions à apprendre (quotient intellectuel), les goûts artistiques, l'attitude devant la vie héritée de la famille, de l'éducation, du milieu, de la religion, les traits de caractère (volonté, mollesse, indifférence), les préjugés, refoulements, expériences niées, névroses, drames d'enfance (abandon, cruauté, viol, inceste, circoncision, excision).

Quant aux conditionnements **émotifs,** on peut relever les suivants : les retards affectifs, les attentes et dépendances, les besoins infantiles traînés dans l'âge adulte, les peurs, les tendances sexuelles inavouées, les échecs sexuels, les fantasmes impossibles à satisfaire, les déceptions, les désespoirs, les tendances suicidaires, le goût de vengeance, la colère, la haine, le remords, la peur de souffrir, d'être malade, de mourir, la peur du vide, du silence, de la solitude.

Les conditionnements selon le Bouddha

Le Bouddha, 500 ans avant notre ère, avait répertorié les conditions essentielles de l'existence humaine qui étaient selon lui : la souffrance universelle, la maladie, la mort, l'impermance des corps. La voie libératrice consistait à reconnaître, à accepter ces conditionnements de la vie et à s'affranchir de toute dépendance à leur égard. Le premier indice de la libération était la reconnaissance que le moi (le conditionnement qui s'identifiait à tous les autres) n'existait tout simplement pas. Ce fait reconnu comme universel par le Bouddha – le moi n'existant dans aucun corps – était non pas un conditionnement, mais la condition qui libère de tout conditionnement.

Les conditionnements que j'ai énumérés plus haut sont des tendances, des directions, des faits et des états d'être inscrits dans l'organisme. Mais il y a aussi ce qui vient s'y ajouter, ce qui les étoffe et les fixe encore plus profondément comme, par exemple, les événements de la vie, les désirs et répulsions, les rapports avec les êtres et la complexité des liens tissés entre les personnes.

Les constantes

Il y a, en effet, des constantes inscrites dans le tissu de la vie auxquelles personne n'échappe et qui conditionnent chacun quotidiennement. Dans la vie, on commence non pas par être libre, mais en étant lié, attaché autant à sa souffrance qu'à son plaisir (qui forment du reste un couple inséparable). Comme il l'apprendra au cours de sa vie, s'il est un tant soit peu lucide, chaque être cache au fond de lui des conflits qu'il vit comme insolubles et persistants. **Il peut, bien sûr, lucidement s'arranger pour perdre toute lucidité, mais cela ne le libère pas de ses conditionnements de base, au contraire, cela ne fait qu'en ajouter un autre.** Même un enfant, qui à dix ans a habituellement un esprit clair, sait qu'il ne fait pas toujours ce qu'il veut, ni ne peut toujours avoir ce qu'il désire, qu'il n'aime pas telle ou telle chose, mais est bien obligé de s'y astreindre (l'école, les travaux domestiques, l'exigence des parents) et qu'il aime certaines choses qu'il voit chez ses amis, mais qu'il ne peut obtenir. En somme, il se sent frustré sans pouvoir le dire en paroles et sans non plus pouvoir gommer ces contradictions.

Tout individu est ainsi confronté à des déchirures internes et externes : il se voit tiraillé entre l'obligation de gagner sa vie au milieu de la matière, en même temps qu'harcelé de doutes et d'angoisses dans son esprit, déchiré entre son exigence d'autonomie et son obligation sociale, entre le bonheur qu'il veut pour sa personne et celui de sa famille, entre sa vie intime et le monde de l'emploi, entre l'attachement à ses gains et les exigences du fisc, entre l'attrait de la liberté totale et l'appât des esclavages invétérés. Aucun humain n'évite la souffrance. Le Bouddha allait encore plus loin en disant qu'il n'y a partout que souffrance. Et il avait raison. À l'intérieur de la matière et de l'organisme, il y n'a pas d'échappatoire à cette condition universelle.

L'appel de l'inconditionné

Mais on peut apprendre à s'accepter comme limité et conditionné, à cesser de vivre dans l'attente, dans le rêve, dans la dépendance vis-à-vis de l'avoir, des personnes ou des situations. On peut cesser de s'en vouloir d'être si imparfait, cesser de se juger, de se culpabiliser, de se violenter pour atteindre un niveau d'excellence reconnue. Cette lucidité pleine d'acceptation permettra de voir qu'on est toujours en train de se prendre pour quelqu'un de séparé, que l'on cherche toujours à fixer ce personnage par des assurances et des sécurités, à quêter l'amour, l'approbation et l'adulation. **On ne peut que reconnaître comment on est enchaîné : c'est cela briser ses fers.**

Ce regard à la fois complètement accueillant et lucide nous fera voir que nos conditionnements ne sont une prison que parce que nous nous voyons comme prisonniers. Ni notre idéal, ni le pouvoir intellectuel, ni la force de notre corps, ni notre courage ni notre passion ne peuvent nous libérer, puisqu'ils font partie de nos conditionnements. Ce qui est conditionné ne peut se libérer des conditionnements. Mais, en revanche, ce qui n'est pas conditionné en est spontanément libéré, il n'en est même pas touché et ne l'a jamais été.

Seule cette attitude accueillant toute condition, tout conditionnement, est libre de ceux-ci et en libère le sujet. Seul ce regard sans attente, ce regard qui reste ouvert sans rien comprendre, sans pouvoir rien résoudre, expliquer ou justifier, seul ce regard est liberté. C'est le **non-savoir** qui libère du mental barricadé derrière les certitudes du connu. Seul ce **non-savoir** est libre de toute condition : il est nu et sans référence.

Le rejet des conditionnements

Aujourd'hui, chacun à sa façon refuse d'être conditionné. On adore Jésus, Bouddha, Elvis ou un personnage de la scène politique, cinématique ou médiatique, parce qu'on veut être comme eux. On veut être autre chose. On vit continuellement dans un culte de personnalité. En effet, adorer Jésus, le Bouddha ou leurs Descendants, ce n'est que cela : un culte de personnalité. Toute adoration d'un humain, qu'il soit swami ou maharaj (hindous), roshi (zen), évêque, pape ou avatar, n'est que de l'idolâtrie, c'est-à-dire une forme limitée prise pour l'Absolu. Une telle attitude ne fait que fixer et durcir la division, la dualité, la conviction que la personnalité existe et qu'elle est même l'essentiel. Rien n'est changé en soi par ce genre de culte : on est, au contraire, de plus en plus aliéné par rapport à son être véritable. On croit qu'en s'identifiant à des figures idéales passées ou présentes, cela changera notre être, notre vie et notre destinée. On ne peut supporter de n'être que ce que l'on est. On se cherche dans les autres, dans des miroirs grossissants, c'est-à-dire déformants.

C'est parce que le moi est considéré comme «la seule réalité», comme le disait Robert Coles, qu'il y a chez l'humain cette incessante tendance à se projeter dans le personnage qui fera oublier le sien propre et le remplacera par une entité glorieuse et célèbre. On croit que la réalité est dans le personnage, que c'est le personnage lui-même, la personnalité, c'est-à-dire cette fiction mentale, ce «rôle de composition».

Et pourtant, même alors que le moi occupe encore toute la place, tous les humains – les adorés autant que ceux qui les adorent – sont éternellement habités par la même Présence/Beauté/Perfection. Ce qui nous attire ainsi, c'est cette beauté, cette lumière qui est en nous en arrière-plan. C'est elle qui suscite tous ces mouvements d'adoration, d'aspiration, d'imitation, d'identification. C'est cette **unique Présence** derrière le «nous» libéré des «moi».

Nous cherchons Cela dans l'image que nous renvoient les autres, alors que c'est déjà en nous lorsque la personnalité n'y est pas : avant que celle-ci ne commence à exister comme après qu'elle a cessé d'exister... Il y a en nous un espace non conditionné, libre, spontané, ouvert, qu'aucune condition de cette vie ne peut empêcher, détruire ou éviter. Cela contient tous les conditionnements, mais sans y être touché ou attaché et sans non plus les abolir, puisqu'ils ne sont pas des empêchements, des limitations ou des obstructions à cette splendeur irrésistible.

Mais, en réalité, cette Beauté/Lumière/Joie n'est pas *en* nous. Elle est nous-même. Il n'est rien d'autre qu'elle. La Conscience qui anime l'humain est cela et rien d'autre. Seule cette Conscience existe.Tous les conditionnements sont autre chose; ils ne sont pas l'être humain, mais l'«organisme» tout simplement. Et à mesure que l'humain s'ouvre à cette évidence, il est libre de tout.

10

MORALE

La morale est dualiste

Selon le Larousse, la morale se définit comme «l'ensemble des règles de conduite en usage dans une société»; elle comprend également «les buts que les humains poursuivent». Définition qui ne vaut, bien sûr, que pour une société sans référence religieuse. En général, dès que les religions se muent en organisations, elles passent de la connaissance du Transcendant à la morale ou, si l'on veut, du non-dualisme au dualisme. En effet, toute morale repose sur la conviction qu'il existe deux principes abstraits tout à fait irréductibles (et absolus), le mal et le bien, avec leurs expressions concrètes, la bonne et la mauvaise action ou, encore, la bonne et la mauvaise personne.

Cette dualité commence dès que, sous la pression des peurs, des culpabilités et des besoins de sécurité, on a oublié qu'il n'existe qu'Un Seul en qui tout «a la vie, le mouvement et l'être», pour se créer par la pensée un être absolu hors de soi qui gouverne, juge et sauve : une divinité à l'image de soi-même, c'est-à-dire projetée. Car aussi longtemps qu'il y a un moi, il y a un dieu en dehors projeté par ce moi.

En effet, c'est bien la pensée qui, divisée et divisante, et voyant tout à travers la dualité sujet-objet, moi-les autres, moi-le monde, projette cette divinité comme extérieure à soi, confirmant ainsi notre raison d'avoir peur, puisqu'à l'extérieur tout nous apparaît menaçant, puissant et incertain.

La morale est donc cet espace mental et émotif dans lequel vivent, errent et stagnent la plupart des humains. Et comme cette morale sépare tout en bien et mal, elle séparera aussi les gens en bons et mauvais, les bons étant toujours perçus comme semblables à soi, de son côté (comme dans la même famille, la même couleur de peau, le même pays, la même religion), alors que les autres seront soupçonnés, persécutés ou simplement combattus comme des suppôts du Malin. La morale ne peut apaiser les esprits, elle ne fait que les envenimer au nom de principes absolus et abstraits qui sont détachés des **faits.**

Comme le voyait déjà Pascal, en tel pays, dans telle tradition, on appelle mal ce qui est perçu comme bien ailleurs. Au Moyen Âge et dans plusieurs pays islamiques actuels, le vol est considéré plus grave que le meurtre et on le punit par la mort ou la mutilation. Dans la Nouvelle-Angleterre du XVIIe siècle, «le blasphème, la sorcellerie, l'adultère» sont punis de mort, tout comme «l'outrage fait par un fils à ses parents». «L'amende ou le fouet répriment le simple mensonge» et on punit de mort les chrétiens apostats. (Tocqueville, *La démocratie en Amérique,* tome I, p. 97) Au Moyen Âge encore, c'était péché mortel que de prêter de l'argent avec intérêt, tâche réservée du reste aux Juifs qui étaient de toute façon damnés d'avance (alors qu'avec l'invention des banques, cette règle a été complètement abolie). Et, comme il est bien connu, le fait de manger de la viande le vendredi jusqu'à récemment méritait les peines de l'enfer. Sur un autre plan, l'homosexualité, l'avortement, l'euthanasie, la peine de mort sont aujourd'hui condamnés dans certains pays et acceptés dans d'autres. La peine de mort est également refusée par certains pays et approuvée par d'autres. Le vol est défendu quand il est évident, mais permis dans les magouilles de multinationales et de gouvernements. En

Amérique, médecins, psychologues et thérapeutes sont sévèrement punis pour tout attouchement ou harcèlement sexuel sur une patiente ou une cliente, alors qu'en France ces abus n'ont pas encore atteint la sensibilité publique.

La conscience morale

Dans la morale religieuse, c'est le sens du bien et du mal selon la Loi de Dieu qui décide de la valeur des actes. Ce sens appartient à la personne et demeure le dernier référent lorsqu'il s'agit de juger d'un acte ou d'un comportement. Cela s'appelle la *conscience morale*. Il ne s'agit pas de conscience dans le sens d'une connaissance intellectuelle qui se porte sur un objet – «je suis conscient de mes devoirs» –, mais d'un sentiment de convenance ou d'inconvenance par rapport à un code régissant les actes personnels : «En conscience, je ne peux poser ce geste.» C'est un jugement où l'on pèse toujours le pour et le contre, pour conclure en faveur de l'un ou de l'autre.

Aussi, la conscience morale est-elle constamment menacée de malhonnêteté, de remords ou de mauvaise foi : avoir la conscience en paix, c'est justement **n'avoir rien à se reprocher.** C'est échapper à un jugement, puisque la mauvaise action est seule capable de troubler la paix de la conscience et que c'est toujours la peur d'avoir mal agi devant un œil-tout-puissant-et-juge-de-la-conscience qui rend la morale religieuse si angoissante. On est toujours **sous** un jugement, un jugement qui de plus n'est pas en notre pouvoir et, par conséquent, fait que nous ne sommes jamais sûrs d'être en règle, d'être sauvés.

Cette obligation d'agir selon sa conscience, d'être du côté du bien, encourage l'orgueil, le pharisaïsme de la performance, l'autosatisfaction qui viennent de ce que l'on a posé les actes qui nous rendent meilleurs que les autres devant le Grand Juge. (En anglais, cela s'appelle *self-righteousness*, le contentement de se voir vertueux.) Le contentement de soi – l'autojustification – est toujours un jugement porté simultanément sur soi et sur les autres. Il est de la même nature que la culpabilité qui est l'envers du contentement de soi. Au jugement sévère porté sur les autres (contentement de soi) répond le jugement sévère porté sur soi (culpabilité). D'une façon ou de l'autre, on ne sort pas du jugement, de la division, de la dualité.

La morale sans foi

Aujourd'hui, la morale ayant depuis longtemps fait l'économie d'une divinité ou d'une dimension transcendante, la valeur des actes est déterminée soit par l'opinion de l'ensemble, soit par l'individu (identifié à son moi). De nos jours, la règle est la suivante : **est bien ce qui me fait du bien.** Voilà la morale du moment, une morale sur mesure qui devient fatalement une morale de démesure. «La morale, dit l'auteur du *Crépuscule des devoirs,* n'exige plus de se dévouer pour une fin supérieure à soi.» (p.49) C'est-à-dire qu'elle n'exige plus, tout simplement, puisque sans transcendant («ce qui nous dépasse»), il n'y a plus rien qui exige ou permet d'être vraiment ou totalement humain. Et lorsqu'un individu pose un acte extraordinaire de courage, d'oubli de soi, de foi en la Vie – comme chez les victimes de camps de concentration, les alpinistes, les sauveteurs, les personnes égarées ou perdues pendant des jours –, ce n'est jamais la morale qui les motive, mais plutôt une hauteur et une grandeur de vision qui dépassent le domaine du raisonnable, du mental ou du moral.

Ce n'est pas que la société deviendra déliquescente ou sans but lorsqu'une certaine morale sera perdue, mais plutôt que la **présence de la morale n'aura jamais pu libérer l'humain de la prison de son moi.** La morale ne peut aller plus loin que la raison et il faut plus que la raison ou le bon sens pour rendre une société humaine ou simplement raisonnable. En effet, étant donné la faiblesse humaine, la réalisation d'un idéal est toujours en deça de celui-ci : pour être convenable, il faut déjà viser haut. Mais la morale n'offre jamais de capacité de dépassement, puisqu'elle est enfermée dans la dualité : mal/bien, attraction/répulsion, aime/aime pas, plaisir permis/plaisir défendu. Puisqu'elle est enfermée dans le moi (peur d'être seul/désir d'être unique).

Conscience morale/Conscience spirituelle

Il y a donc une distinction à établir entre la conscience morale et la Conscience spirituelle, la Conscience éveillée, qui sera explorée en seconde partie. La morale – l'ensemble des règles de conduite – n'a rien à voir avec la connaissance non mentale, la Connaissance-de-Soi. La morale concerne l'agir, l'amélioration de sa condition, alors que la vie spirituelle concerne le connaître. De plus, la morale est empreinte de préjugés émotifs, alors que la Conscience spirituelle est libre de toute émotivité, de tout préjugé. En réalité, la morale existe parce que le moi est essentiellement séparatiste, dualiste, toujours en jugement, en conflit avec le corps, les événements et la vie. Les règles morales d'une société tentent seulement d'assurer un minimum d'ordre dans un monde infiniment complexe de «moi» narcissiques de plus en plus exigeants et débridés. C'est justement parce que les gens ne se **connaissent** pas qu'ils n'ont pas de gouvernail intérieur. La morale ne peut nous faire voir comment la pensée se leurre elle-même, comment elle recouvre toujours ses traces, comment elle se justifie et demeure en état continuel de «mauvaise conscience». La morale ne s'occupe pas de connaissance, elle n'a aucune propension à reconnaître le moi ou les autojustifications et occultations de la pensée.

Alors que de son côté, la Conscience dont parle la tradition contemplative est vraiment une gnose (*gnosis,* le mot grec qui a engendré *know* en anglais), une **connaissance.** Pas une connaissance mentale en rapport avec des objets, mais la Connaissance qu'**est** le sujet, la Connaissance qui est, sans qu'il y ait un objet, une Connaissance qui se connaît sans référence. Une Connaissance où il n'y a pas de connaisseur et pas d'objet à connaître : une Connaissance pure, sans cause et sans objet.

Dans la religion organisée – dans la morale religieuse –, on ne parle pas de la nécessité de se connaître comme si cela n'existait pas. Il s'agira de ne pas pécher, d'obéir aux Commandements de Dieu, d'éviter le mal et de faire le bien et surtout de bien écouter ce que disent les ministres de la religion! Il n'est jamais question de connaître ce que l'on est vraiment, dans sa vérité éternelle — au-delà ce que l'on n'est pas : un moi, une personne, une entité séparée, limitée, mortelle. Il n'est jamais question de reconnaître que le moi est l'erreur fondamentale, la source de toute souffrance, de tout préjugé, de toute intolérance, de toute avidité – de toute guerre. Il faudra, au contraire, toujours conserver la personnalité, la prétention d'être quelqu'un – autrement, comment être sauvé s'il n'y a personne à sauver? Il n'est donc pas question de se connaître comme non-né, non-mortel, libre, libéré de la pensée et du passé, libre même du concept de Dieu, de toutes formes et images. La dualité dieu/homme empêche toute Connaissance libératrice : on ne peut connaître qu'un dieu «là-bas», le «tout-autre», le Séparé, c'est-à-dire un objet, un être projeté devant ou au-dessus de soi.

Et pourtant, l'Évangile n'a cessé de proclamer que «la vérité vous rendra libre». Mais libre de quoi?

11

PSYCHOLOGIE

Priorité de l'équilibre

Quelqu'un qui entre sur la Voie de la libération ferait bien de revoir son équipement. Tout d'abord s'assurer que le **corps** est en assez bon ordre et, s'il ne l'est pas, le faire examiner par un médecin afin qu'un désordre physique n'affecte pas l'équilibre des autres niveaux. Selon les anciennes traditions asiatiques, le corps humain contient tout. Cet organisme comprend des fonctions que l'on peut croire indépendantes du corps, mais qui toutes sont contenues dans celui-ci : sensation, émotion, intellect, mémoire, action. Le mental qui, dans ces traditions, est perçu comme un sens à l'égal des cinq autres se trouve dans le cerveau, l'émotion dans le ventre et la poitrine et les sensations dans les sens de perception.

On s'occupera également de la **psyché,** c'est-à-dire de la raison, de l'imagination, de la mémoire, du désir. Il est évident qu'une psyché déséquilibrée (dépendances névrotiques, culpabilités paralysantes, traumatismes obsédants, etc.) ne pourra subir les chocs et les assauts du voyage. Dans ce cas, il faudra voir un spécialiste si certaines indispositions sévères empêchent de fonctionner. En effet, il est préférable que l'individu soit bien campé, capable d'endurer des coups, de prendre ses responsabilités, de «gagner sa vie», s'il veut chercher à connaître son autre dimension, son être véritable. Pour être disposé à pressentir l'au-delà de la pensée, il est bon d'avoir poussé à bout la pensée, la quête, le questionnement et de découvrir que la voie est bouchée, impénétrable, impossible. Autrement – si on peut se justifier de «savoir», de connaître les réponses –, on se repliera toujours sur le mental plutôt que de s'abandonner au courant de la grâce : on voudra toujours comprendre, analyser ou expliquer, ce qui fermera à toute Connaissance véritable. La vie nous mène naturellement vers un moment où l'on découvre que ni la volonté, ni l'intellect ni l'émotivité ne peuvent résoudre le problème de l'existence. À un moment donné, on est acculé à une impasse, à un non-savoir. Mais reconnaître sa faiblesse est tout le contraire d'être faible. Il faut avoir un moi fort pour pouvoir le perdre. Ou comme le dit Nisargadatta : «Plus la personnalité est forte, plus la lumière générée par la dissolution de cette personnalité sera forte.»

Il est également important d'éviter à tout prix les rêvasseries (*daydreaming*), les fuites de la réalité, les projections dans l'imaginaire, les refus de ce qui est, le rejet des **faits** concrets. Il s'agit de privilégier les **perceptions** (les cinq sens) qui nous confrontent au monde qui est là devant soi et non les **conceptions** qui fabriquent un monde détaché ou fantaisiste. (Car, nous dit Jean Klein, «la perception est réelle, la conception ne l'est pas.» p. 215) En effet, la Voie n'est pas imaginaire ni abstraite et elle n'est pas non plus sentimentale. Elle fait redescendre au niveau du concret instantané, du corporel, plutôt que de faire remonter au «second étage» du mental/émotif.

Or, c'est justement ce second étage que privilégie et étudie la psychologie. Mais à cause de cela, on peut se demander si elle est vraiment capable d'aider l'humain à se rendre vraiment libre de ses conditionnements.

La psychologie favorise le moi

La psychologie est sans doute la discipline qui – bien plus que la religion – a le plus profondément enraciné dans la conscience populaire la croyance que le moi existe. Et ce n'est sans doute pas tout d'abord par ses soulagements qu'elle s'est acquis cette popularité, mais davantage par ses promesses de bien-être, de mieux-être et même de transformation profonde.

En réalité, on peut dire que la psychologie avec toutes les disciplines qui s'y rattachent – psychothérapie, psychiatrie, psychanalyse – a vraiment pris la place qu'occupait naguère la religion. En effet, ces disciplines promettent rien de moins que le bonheur et la libération vis-à-vis de tout ce qui gêne l'expression de la personnalité. Cependant, la recherche semble indiquer que les résultats escomptés par ces disciplines peuvent être, dans certains cas, aussi convaincants lorsqu'on emploie des moyens aussi simples que le placebo. En effet, nous dit Martin L. Gross dans *The Psychological Society :* «Parmi les patients traités uniquement aux placebos, 50 à 75 % d'entre eux ont montré une amélioration semblable au pourcentage qu'offraient les résultats positifs de la psychothérapie.» (New York, Simon & Schuster, 1978, p. 9 et ss.)

Cela ne veut pas dire que les soins psychologiques soient inutiles. J'ai fait remarquer plus haut que, dans certains cas, on peut avantageusement consulter un spécialiste de l'une ou l'autre de ces disciplines. Mais il ne faut pas confondre le domaine psychique ou psychotique avec la dimension spirituelle, comme une science matérialiste a eu tendance à le faire en réduisant tout ce qui est incompréhensible à du compréhensible ou encore en niant simplement l'existence des expériences et phénomènes mystiques, c'est-à-dire non mentaux.

Il faut surtout bien voir que la psychologie ne peut nous libérer du moi qui nous fait souffrir. La connaissance de notre essence éternelle n'est pas accessible à l'analyse, à la pensée, à des concepts. Les disciplines psychologiques ont beaucoup favorisé l'idée d'obtenir, d'atteindre, de posséder un état supérieur dans un avenir prochain. Elles épousent naturellement l'avidité du sujet, le besoin d'être meilleur que soi ou de se montrer meilleur que les autres, d'être plus efficace, de mieux réussir, d'être plus adapté, plus populaire, aimé, admiré... Autant de désirs qui s'inscrivent dans une société obsédée par une consommation galopante, un bonheur futur à conquérir, une détente absolue à atteindre, une libération de tout stress, de tout souci, de toute souffrance, à réaliser pour de bon.

En fait, on se demande si les disciplines psychologiques ont vraiment aidé l'individu à se connaître jusqu'à la racine, **ce qui ne veut pas du tout dire connaître l'inconscient.** L'inconscient est un concept qui donne un nom à la partie occultée de la conscience mentale. Mais tout cela demeure simplement de la conscience plafonnée. Il s'agit donc non pas de «rendre l'inconscient conscient» comme le voulait Freud, mais de voir que **tout** ce qui est mental est interprétation, fabrication, fuite, négation : c'est-à-dire le moi. Le psychologue Erich Fromm reconnaissait justement «que le changement de tel ou tel caractère névrosé n'est pas possible sans poursuivre le but plus radical de la transformation complète de la personne.» (cité par Albert Low, *Entretiens sur la voie du zen*)

Ce que cherchent à faire ces disciplines psychologiques, c'est «normaliser» le sujet, c'est-à-dire le rendre fonctionnel en lui-même et au sein de la société pour qu'il puisse se comporter de façon acceptable, assumer des responsabilités, se conformer, nuire le moins possible, être le moins possible névrosé (inadapté, décroché) et le plus possible capable de communiquer pleinement. En somme, ce que cherche la psychologie, c'est **faire que l'on soit bien avec le moi, que l'on soit confortable à vivre sous son empire. Elle nous apprend à ne pas trop déranger ce confort fragile et surtout à ne pas le remettre en question sans quoi tout le château de pierre s'écroulerait en château de sable. Elle nous enseigne que le moi est l'être humain, l'essentiel de l'humain et qu'il n'y a rien au-delà.**

Durant tout ce processus, le moi (l'entité individuelle, la personnalité) est conçu comme le libérateur, le noyau, le centre, le *sine qua non* autour duquel tout gravite. Le sujet est normal dans la mesure justement où, comme tout le monde, il jouit d'un moi fort, combatif et entreprenant. Mais tout d'abord d'un **moi.** À aucun moment, on ne voit ou ne veut voir que c'est justement cette illusion d'être quelqu'un qui lui a valu toutes ces névroses, psychoses et autres pathologies psychologiques, en plus de toute la souffrance qu'entraîne cette fausse vision. À leur racine, ces désordres ne sont pas du tout psychologiques, mais simplement le fait d'un mirage entretenu avec entêtement, avec la conviction que c'est **la seule réalité** (comme le dit Robert Coles) et que nous savons avec la dernière rigueur scientifique qu'il en est ainsi. (Dans la tradition contemplative, cette illusion s'appelle la chute originelle ou l'état originel d'ignorance.)

J'ai mentionné plus haut qu'un moi fort permet une libération plus grande. Mais la construction du moi n'est qu'une étape provisoire et, si on voit la vie comme une aventure d'affirmation du moi, cette construction devient alors une obstruction. Car, alors que la psychologie populaire voit le moi fort comme la seule solution, la Conscience libérée voit le moi comme le seul problème, la seule maladie dont l'être doit guérir.

Le bon thérapeute

La personne qui pratiquerait de la bonne thérapie serait donc celle qui, parfaitement consciente des limites de sa discipline, ferait connaître celles-ci à son client et, poursuivant elle-même la recherche sur l'illusion de son moi et de ce qui le dépasse, susciterait chez le client le même goût de cette aventure libératrice. En théorie, la psychologie dite transpersonnelle «semble» vouloir reconnaître le mirage du moi et ce qui le transcende. Mais c'est une chose de reconnaître qu'il existe quelque chose au-delà du moi et une toute autre de savoir physiquement que le moi est une pure illusion. Or, c'est cela l'éveil, alors que la reconnaissance d'un transcendant ne l'est pas du tout, c'est encore de la religion.

Mais enfin, pourquoi aurait-on encore besoin de psychologie une fois que la quête de la Présence éternelle nous a touchés, saisis? Puisque, selon Jean Klein, «lorsqu'on découvre que le moi est une illusion, toute psychologie tombe à l'eau»? (*Transmission de la lumière*)

12

RELIGION

La religion faite pour unifier

Selon son étymologie, le mot religion veut dire «ce qui relie les êtres». Dans sa source et en théorie, toute religion est donc une connaissance unitive de l'Absolu. Mais telle qu'elle est connue en pratique, elle est très tôt récupérée par la volonté de contrôle, l'avidité et le dogme, devenant un domaine de pouvoir comme tant d'autres. La Conscience absolue a dégénéré en conscience morale où tout est marqué au sceau de la dualité : dieu/homme, église/peuple, seigneur/esclave, corps/âme, ici-bas/au-delà, bien/mal. C'est bien là la vraie «chute originelle».

La religion dans son origine – le lien éternel unissant toutes choses – est passée d'une religion **ésotérique** (orientée vers l'intérieur, vers la source) à une religion **exotérique** (tournée vers l'extérieur, les actes, l'attache aux formes, les cultes, les mérites). La religion ésotérique est ou plutôt était une connaissance, une gnose : la Connaissance de Soi. Alors que son aspect exotérique n'est qu'une morale, une conscience morale, dont le dualisme ne permet pas d'accéder à aucune forme d'Unité.

Certes, la religion a produit beaucoup de culture et un grand nombre d'œuvres d'art. Elle n'a pas pour autant changé le cœur des humains. En effet, il n'y a jamais eu autant de violence et d'égoïsme alors que la religion est partout et qu'elle pullule sous les formes les plus diverses.

Mais en réalité, elle divise

Pour qui regarde le phénomène de l'extérieur, il est évident que la religion n'a pas sauvé le monde, mais qu'elle l'a simplement divisé davantage. Certes, elle peut unir ceux d'une même croyance, mais ceux-ci se séparent en groupes qui pensent autrement, de sorte que les dissidents continuent toujours de proliférer. Ainsi, l'Église dite Unie (United Church of America) n'est une que parce qu'elle s'est séparée des autres ! Toutes ces religions de rechange (catholiques, protestants, mormons, pentecôtistes, témoins de Jéhovah, évangélistes, Opus Dei, pro-vie) se jalousent entre elles, se condamnent mutuellement, toujours au nom du même Dieu qu'elles dissèquent comme une bête de boucherie. **La religion organisée a toujours divisé peuples et pays à tel point que la plupart des guerres sont des guerres de religion,** surtout si l'on se rappelle que le nationalisme a montré la même intolérance, le même absolutisme que la religion et qu'il s'est souvent identifié à celle-ci. Elle divise même l'individu en le tenant en continuelle croisade contre le mal qui supposément l'habite et contre celui qui supposément l'entoure, c'est-à-dire qu'elle le maintient dans la culpabilité et l'intolérance. Et pourtant, toute religion n'est-elle pas fondée pour unir, pour relier l'humanité à elle-même en la reliant à sa Source?

La religion ne vit pas au présent

La religion ne vit que dans le temps, elle a perdu sa capacité de se libérer du passé et de l'avenir et d'être le témoin d'un Présent éternel. Aussi, **la religion n'a-t-elle d'avenir que pour ceux qui vivent dans le passé.** Les gens accrochés à leur passé, à leur mémoire, chercheront naturellement la sécurité d'une religion. Ces sujets n'étant pas attirés par l'autonomie, la religion leur convient parfaitement, puisqu'elle les maintient dans la dépendance mentale et affective, leur défendant du même coup de chercher réponse ailleurs.

Mais aujourd'hui, la religion institutionnalisée n'attire plus les esprits ouverts qui se posent les questions fondamentales : «obéir à des humains peut-il mener vers Dieu? doit-on dépendre d'un humain ou d'un groupe quels qu'ils soient? qu'est-ce que la vie? qu'est-ce qu'un être humain? que suis-je?» Cependant, la croyance religieuse demeurera pour beaucoup le sein maternel rêvé, puisqu'il dispense d'apprendre par soi-même et d'aller au bout de son questionnement. En fait, la religion **fournit des réponses toutes faites et empêche le questionnement,** alors que la vie spirituelle ne fournit pas de réponses toutes faites et suscite le questionnement.

Le monde de la croyance

Toute religion organisée est un château fort illusoire : on s'y croit en possession de Dieu, de la vérité absolue et donc du salut éternel. Il apparaît clair qu'elle refuse le fait qu'il n'y a aucune certitude ni assurance dans ce qu'elle professe. C'est cela le monde de la croyance : on **pense** qu'il en est ainsi, on **espère** que cela soit ou que cela ait été ou que cela sera un jour; on **a confiance** que ceux du passé ont dit la vérité, mais personne n'a examiné ou n'a pu examiner les croyances transmises. **Personne ne peut faire d'une croyance, d'une légende, d'une doctrine aussi millénaire qu'elle soit un FAIT.** Tout ce que l'on a dit de Jésus – sa naissance virginale, sa résurrection – n'a pu être vérifié : cela demeure de la **croyance.** Tout ce qu'on a dit des patriarches de la Bible (le livre des Juifs qui n'est pas celui des chrétiens) n'est pas non plus vérifiable. On les croit tout simplement. Tout ce que l'on raconte au sujet de Mohammed non plus n'est pas vérifiable. On reste toujours dans la croyance. On n'accède jamais au fait, on fabule, on imagine, on spécule, mais ça ne dépasse pas la croyance.

Toute forme de religion organisée, y compris les sectes nouvelles, qui se modèlent servilement (mais sans le savoir) sur les formes traditionnelles, tombent dans ce même aveuglement. Et quand on est d'une telle mauvaise foi, rien ne saurait l'ébranler.

La religion est inutile

La religion organisée épouse les traits du nationalisme (croyance émotive non critique), du pouvoir politique (situation de dominants/dominés, «dons» des possédants aux pauvres, mais sans partager la vie). Pourtant, l'humanité est suffisamment déchirée par les nationalismes et les pouvoirs politiques sans qu'on ait besoin d'y ajouter les religions! En réalité, on n'a plus besoin de celles-ci : elles sont au mieux inutiles, au pire, nuisibles.

Impasse et échec des disciplines humaines

Ni la religion, ni la morale ni la psychologie ne peuvent libérer ou guérir l'humanité. On peut même y ajouter l'économie, l'art, les sciences pures, la politique, la philosophie ou les autres spécialités : aucune des disciplines humaines ne sait unir, ni libérer l'humanité de ses dilemmes et souffrances. La paix ne vient pas. Le bonheur non plus. Penser à la paix ne donne pas davantage la paix. Se répéter qu'on est heureux ne fait pas venir le bonheur. On chante les plus beaux chants sur la paix et sur l'amour – *Quand les hommes vivront d'amour* –, mais rien n'y fait : on est ému un instant, puis ça recommence. Il est non seulement futile de prier pour la paix, de faire de grandes démonstrations et de donner des concerts gigantesques pour la paix; ce n'est qu'en faisant la paix avec soi, en soi, qu'elle pourra se faire parmi les gens et les nations. **En rencontrant sa propre guerre.** Mais personne ne veut l'affronter réellement. Pourtant, il n'existe pas d'autre moyen pour créer la paix. À la fin, c'est chaque humain qui devra se regarder, se reconnaître dans ses limites, pour enfin se voir dans sa dimension infinie, éternelle. Mais personne ne veut faire cela, personne ne veut commencer : on s'attend toujours à ce que la paix se fasse par «les puissances», «les gouvernements», «les nations», «les rencontres au sommet». Les autres.

Il serait temps, avant que la terre et l'humanité n'aient saigné leur dernière goutte de sang, de reconnaître qu'aucune science, qu'aucun pouvoir, qu'aucune force humaine fondée sur le moi n'a pu créer un être de paix. Seule la Connaissance de sa violence, ensuite de sa dimension libre et éternelle, a pu créer des êtres complètement paisibles, libérés, et compatissants. Seule la tradition contemplative a réussi, en les guérissant à la source, à unir des humains de partout et de tout temps, du désir, de la peur et de l'égoïsme. C'est vers cette tradition que l'humanité devra se tourner si elle veut retrouver sa voie ou si elle veut simplement s'empêcher de se détruire.

«À MOINS DE NAÎTRE DE NOUVEAU...»

Dans ce livre, le regard tel que porté par la conscience ordinaire n'a pas permis de trouver des solutions valables ou profondes aux problèmes de la société d'aujourd'hui.

La raison en est simple : IL N'EXISTE PAS DE SOLUTIONS.

Aussi longtemps que l'on cherche à régler les problèmes à leur niveau, on ne fait que changer les meubles de place, alors qu'il faudrait raser la maison et reconstruire sur une nouvelle base.

Aussi longtemps qu'on cherche des solutions avec la même conscience que l'on considère les problèmes, rien ne peut changer.

Aussi longtemps que l'on veut résoudre les problèmes alors qu'on est soi-même le problème, rien ne peut changer.

Les solutions inventées au niveau des problèmes font partie des problèmes. Il y a plusieurs exemples : on lance des bombes atomiques pour résoudre un problème de guerre avec le Japon et on crée par le fait même des séries interminables et insolubles de problèmes en produisant des déchets radioactifs aussi imprévus qu'indestructibles. On prolonge la vie, mais on crée en même temps des vieillards qui s'ennuient, se sentent inutiles et rejetés pendant plus longtemps et qui grèvent les budgets sociaux. On crée un niveau de vie élevé pour une portion du monde et, ce faisant, au lieu d'amener les pauvres à ce niveau, on les appauvrit davantage, appauvrissant la terre du même coup. Pour atteindre une plus grande vitesse, on remplace les chevaux par des véhicultes motorisés, créant une pollution croissante (Mexico, Los Angeles, Tokyo et déjà Paris). Pour débarrasser la société, on enferme les criminels dans des prisons qui les rendent irrécupérables. Pour permettre aux individus de se défendre, il y a prolifération des armes. La plupart de ces solutions sont carrément de mauvaise foi : on sait depuis longtemps fabriquer des véhicules non polluants (mais à cause des investissements dans le pétrole, on continue d'empoisonner l'atmosphère); on connaît de meilleures façons de réhabiliter les criminels (mais on trouve cela trop coûteux!) et on pourrait cesser la prolifération des armes privées (ainsi que les armes atomiques...), mais on semble vouloir prouver que la civilisation ne peut exister qu'à la pointe du fusil.

Les quelques suggestions que j'ai pu faire au cours de ce livre ne sont que des expédients cosmétiques comme toutes les autres solutions du monde actuel, pour la simple raison qu'elles ont été conçues au niveau de la conscience plafonnée. Il est finalement complètement inutile de créer des programmes sociaux, d'améliorer les produits, les communications, les soins médicaux, de lutter contre la violence et la drogue, de subventionner recherches et études, de mieux organiser les ressources, de proposer des réformes de ceci ou de cela, de faire des rencontres au sommet, à mi-côte ou au ras des pâquerettes, aussi longtemps que le niveau de conscience ne sera pas remis en question. Aussi longtemps que le regard sur soi n'aura pas la rigueur et la radicalité d'un regard scientifique. AUTREMENT, ON NE FAIT QUE RECYCLER LES PROBLÈMES. Or, tous les problèmes viennent d'une illusion commune : se croire des personnes séparées, c'est-à-dire croire que le moi existe et que nous sommes chacun des centres du monde, que ce petit moi étriqué et limité a pouvoir sur la vie, qu'il peut contrôler les êtres et les événements et qu'il peut atteindre le bonheur en solutionnant éventuellement tous les problèmes dont souffre l'humanité.

Mais il est lui-même le problème, le seul, l'unique, le véritable problème des humains. C'est parce qu'il crève les yeux que tout le monde s'arrange pour ne pas le voir. Ce serait trop terrible, vraiment trop désastreux, s'il fallait s'être trompé à ce point!

Et pourtant, le Bouddha l'avait dit, il y a déjà longtemps (assez longtemps pour qu'on ait pu se faire une idée de la véracité de ses dires). Ce sage homme a fait une découverte que personne depuis n'a pu nier, mais que peu de gens se donnent la peine d'examiner et de reconnaître. Il a dit et répété sur tous les tons et dans tous ses discours cette vérité foudroyante : «La naissance est souffrance. Le dépérissement est souffrance. La maladie est souffrance. La mort est souffrance. Tout comme la peine, la douleur, la lamentation et le désespoir. **Être unis à ces choses que nous détestons et être séparés de celles que nous aimons, cela aussi est souffrance. Ne pas obtenir ce que l'on désire, cela aussi est souffrance. En un mot, ce corps qui est basé sur l'appropriation est souffrance.**» Si, 500 ans avant notre ère, quelqu'un a pu reconnaître et dire ce que nous, en 1996, pouvons vérifier de nous-mêmes comme une évidence irréfutable et continuelle, pourquoi accorderait-on crédit aux déclarations des journalistes, des tribuns, des chefs d'État, des scientifiques ou encore des derniers gourous qui émettent une opinion un jour pour la contredire le lendemain, qui font des promesses que l'avenir ne peut garantir, qui ne savent jamais rien de définitif, qui n'émettent justement que des opinions, des estimations, des approximations? N'y a-t-il pas des constantes dans l'humanité? Et si elles existent, n'est-il pas illusoire, irresponsable et même pathologique que de se croire exempt de ces conditions humaines qui sont inévitables du seul fait qu'elles sont universelles?

C'est ici que l'on voit que l'injonction radicale, «... à moins de naître de nouveau», devient la seule issue possible. Mais naître de nouveau suppose tout d'abord que l'on meure à soi. Et personne ne veut mourir à ce qu'il chérit le plus et qui pourtant n'a jamais existé. Personne ne veut «mourir maintenant afin de ne pas mourir» comme le disaient les maîtres soufis.

La réponse existe, elle a toujours existé depuis qu'existe l'être humain, cet humain qui est une question perpétuelle. La réponse existe en chacun de nous. C'est même elle qui suscite la question, qui invite à la recherche, qui invente la quête : la vie humaine.

Littéralement, le monde «meurt de soif auprès de la fontaine».

«Un grand nombre de gens sont profondément attachés à leur propre individualité. Ils veulent, tout d'abord et avant tout, demeurer comme individu et, seulement ensuite, ils veulent chercher, car ils ne sont pas prêts à perdre cette individualité. Tout en retenant leur identité, ils veulent trouver ce qu'est la vérité. Mais dans ce processus, on doit tout d'abord se débarrasser de l'identité elle-même. Si l'on trouve vraiment qui l'on est, on verra qu'on n'est pas un individu, que l'on n'est pas une personne, que l'on n'est pas un corps. Et les gens qui se cramponnent à leur identité corporelle ne peuvent atteindre cette connaissance.» (Nisargadatta, *The Ultimate Medecine,* Blue Dove Press, 1994, p. 39)

DEUXIÈME PARTIE
LE MOI N'A PAS DE RÉALITÉ

13

ENTRE ÉVOLUTION ET ÉVEIL

Les stades évolutifs

Depuis plusieurs années déjà, Ken Wilber a repris à son compte la thèse de l'évolution de la conscience au point d'en faire la ligne directrice de sa vision. Cette évolution s'exprime à travers les trois sphères ou phases de développement déjà décrits par Teilhard de Chardin dans son *Phénomène humain :* la **matière** (la physique), la **vie** (la biologie), la **conscience** (la psychologie ou la noosphère, de *noûs* en grec : esprit, intelligence, compréhension).

Chaque holon (qui est, pour Wilber, l'unité de base de toute évolution et donc le lien entre toutes les formes) est autant **attiré** par la forme suivante que **poussé** vers elle. «Le *télos* (finalité en grec) – le point omega qui tire sur le holon à partir de sa phase finale – se trouve, bien entendu, non seulement dans les systèmes physiques, mais également dans la biosphère et la noosphère. Sur le code génétique d'un gland, il y est écrit partout le mot "chêne". Du reste, les biologistes reconnaissent qu'il existe une direction dans le sens des "fonctions à venir" et que l'aspect orienté d'un organisme est irréversible... De toute façon, la psyché **s'en va** quelque part... Et dire que l'avenir n'influence pas le présent est une doctrine intenable», conclut-il en citant le grand philosophe américain Charles Saunders Peirce.

Aussi, la vision de Wilber accorde-t-elle une grande place à l'évolution de l'individu (ontogenèse) qui est le symbole et la récapitulation de l'évolution de l'espèce (phylogenèse), les deux se contenant mutuellement à des points de vue différents. Et il reprend les stades évolutifs de la conscience individuelle, c'est-à-dire sa dimension intérieure, tels que définis par Piaget et Habermas :

1. **Archaïque** – la pensée sensori-motrice (0-2 ans), toutes les structures de conscience du début, incluant les premiers hominidés; la conscience est insérée dans le monde de la matière;

2. **Magique** – la pensée pré-opérationnelle (2-7 ans), identification avec le corps, vision fusionnée (animiste), moralité pré-conventionnelle; dès 3 ans, l'enfant a un moi physique et émotif stable;

3. **Mythique** – la pensée concrète opérationnelle (7-11 ans), rôle et pensée mythologique, capacité de penser, moralité conventionnelle;

4. **Mentale** – la pensée formelle opérationnelle (après 11 ans), identité de l'ego, capacité de penser au sujet de la pensée, vision rationnelle, morale post-conventionnelle.

La diminution de l'ego?

Selon Wilber, citant Howard Gardner, «tout le mouvement du développement peut être perçu comme une diminution continuelle de l'égocentrisme.» Dans le même sens, il affirme que les phases qui précèdent la prise de conscience d'un moi sont les plus égocentriques : «Les domaines pré-égoïques sont les plus égocentriques : l'enfant n'a pas un moi fort, il pense que le monde sent ce qu'il sent, veut ce qu'il veut et satisfait tous ses désirs; il traite les autres comme des extensions de lui-même.» (p. 229) En effet, la psychologie contemporaine voit la normalisation d'un individu dans le fait que son moi s'affirme, qu'il soit capable de se défendre, d'avoir des relations, de fonctionner dans la société. Le moi est perçu comme l'instrument par lequel on atteint et affecte le monde extérieur.

Il est certain que, selon la façon de penser des gens d'aujourd'hui, la construction et la consolidation d'un moi font partie de ce qu'on appelle l'éducation et la civilisation. Or, le moi ne devient pas moins important à mesure que l'enfant devient un adulte, de même que le fait d'avoir un moi fort n'empêche pas de penser davantage à soi, de ramener le monde entier à son nombril. Bien au contraire. Car si l'on observe ce qui se passe chez l'adulte contemporain, on voit qu'il n'est pas du tout dégagé de l'obsession de son moi. En effet, l'individualisme contemporain montre à l'évidence qu'une fois les besoins biologiques satisfaits (nourriture, logis, vêtements), le mental/émotif (le côté psychologique) se met à créer d'autres «besoins» artificiels et à développer une avidité galopante surtout lorsque les biens de consommation affluent. En ce domaine, on a plutôt l'impression que l'adulte régresse progressivement dans la direction de l'enfance!

Le moi – la conviction d'être ce qui unifie et domine toutes les facultés, tous les fonctionnements de l'organisme – non seulement ce moi ne diminue pas avec l'âge, mais il semble suivre une courbe ascendante jusqu'à ce qu'il se casse la figure dans une impasse, un drame insoluble et inacceptable, une faillite, une maladie fatale, la mortalité d'un être cher. (Et même alors, ce n'est pas sûr que le moi sera ébranlé!) Les finasseries du moi consistent justement à le renforcer à mesure que se développent ses moyens. **Le moi ne mûrit pas,** il ne fait que se solidifier, se scléroser. Il ne peut accéder à la liberté, à l'abandon, à la joie, à la compassion, à l'ouverture, à la vulnérabilité. Tout ce qu'il sait faire, c'est résister à tout ce qui menace son empire. Il est une contraction, un poing serré, une fermeture.

En effet, le moi, selon Jean Klein, fait exactement ce que Wilber décrit comme le comportement de la première enfance : «On se prend pour une entité personnelle, on s'identifie à elle, on agit, pense et sent à partir de ce point de vue... On prend contact avec l'environnement à travers ce moi... On cherche constamment la sécurité, on cherche à être aimé, à être considéré... On regarde ce qui nous entoure du point de vue de la personne.» (*Transmission of the Flame,* pp. 14-18)

Mais, pour lui faire justice, Wilber affirmera plus loin que «aussi paradoxal que cela paraisse, plus une personne est **intériorisée,** moins elle est **narcissique...** La méditation est un des antidotes les plus puissants contre l'égocentrisme et le narcissisme.» (p. 257) Mais justement, en parlant d'intériorité et de méditation, on quitte déjà la sphère du moi. On a basculé en dehors des phases prévues par l'évolution physique, biologique et mentale.

Un seuil pour l'humanité?

L'évolution de la conscience humaine passe à travers ces trois phases : physique, biologique et psychique. Mais l'étape suivante – le dépassement du moi – n'appartient pas à cette montée. Elle la transcende de bout en bout.

Selon Wilber, l'humanité est actuellement arrivée à un seuil. Après avoir connu toutes les étapes menant vers la rationalité (et toutes les facultés que la pensée recèle), il lui manquerait maintenant de connaître l'étape finale, la vision sans perspective, globale, intégrée et intégrant toutes les consciences, les modes d'êtres, les sexes, les pays, etc. «Cette prochaine étape, dit Wilber, est le seul espoir pour l'intégration de la biosphère et de la noosphère – vie et conscience – pour l'organisation supranationale de la conscience planétaire, la vraie reconnaissance de l'équilibre écologique, les formes non restreintes et non forcées de discours planétaire, les formes non dominantes et non coercitives d'États fédérés, la libération des communications à l'échelle mondiale et l'intégration de l'homme et de la femme dans les domaines de la vie et de la connaissance...» Voilà déjà tout un contrat! «Tout cela, enchaîne Wilber, n'est que la base permettant des états de conscience plus élevés et plus transpersonnels (dépassant la personne tout en l'incluant) et qui jusqu'ici sommeillent encore dans notre avenir collectif, s'il nous en reste un.» (p. 177) Quoi qu'il en soit, le monde serait, selon Wilber, dans la gestation douloureuse qui précède une conscience complètement nouvelle!

Il convient toutefois d'être moins dithyrambique : aucun théoricien de l'évolution ne voit l'émergence d'une conscience ouverte comme une chose certaine ou garantie, peut-être même pas comme une possibilité. L'évolution louvoie plus qu'elle ne progresse et il reste toujours la possibilité que tout cela explose... Car si on peut *a posteriori* (après le fait) reconstruire les phases évolutives, on ne peut *a priori* (avant le fait) les prédire pour l'avenir.

L'impasse de la rationalité

Il faut aussi se rendre compte que la montée de la rationalité n'a pas produit la transformation globale dépassant la coercition et la domination et qui permettrait de découvrir ce que les humains ont vraiment en commun. Loin de dépasser le stade de la rationalité, le monde actuel ne semble même pas y avoir accédé. La masse des sociétés est demeurée prise avec des restants de marxisme perçu comme une religion mondiale, avec des fondamentalismes qui voudraient forcer le monde à épouser leurs croyances, avec des prosélytismes furieux aux prétentions planétaires, avec un impérialisme national et économique qui ressemble de plus en plus à des multinationales mafieuses, ainsi qu'avec des grands États modernes qui se dissolvent en tribus. Le monde est à ce point coïncé dans une vision partisane, coercitive et fermée, que, comme le reconnaît Wilber, «l'unique transformation mondiale serait à ce moment-ci une rationalité mondiale et une tolérance pluraliste...» (p. 201)

Mais le fait que la montée vers la rationalité n'aboutit pas à la paix, à l'entente universelle, à l'harmonie internationale, n'est-ce pas justement l'indication que **sous l'empire du moi, la raison ne peut mener que vers le chaos? Il lui manquerait l'essentiel : être branché sur sa Source.**

Certes, pour résumer la pensée de Wilber, le communisme avait réussi à unir les citoyens du monde autour de la **matière.** Et de leur côté, les Verts ont également uni les citoyens du monde autour de la **vie** corporelle. Mais pour dépasser ces deux niveaux de partage en commun et atteindre une unité dans la **conscience** ou la rationalité (et même la Conscience ou l'Esprit antérieur à tout cela), il faudra une puissance d'intégration qui, à présent, est loin de se manifester.

«Pour commencer, cette transformation doit se faire aux niveaux physiques et biologiques. Elle s'exprimera par la nécessité de protéger la biosphère, commune à tous, par la régularisation d'un système financier mondial et par une paix et une sécurité physique minimales. Or, ces préoccupations ne dépendent plus de l'action des nations individuelles. Aucune d'entre elles ne peut être résolue au niveau national. Les nations devront laisser partir un peu de leur souveraineté afin d'assurer l'amélioration de l'ensemble... Nous sommes pris dans des crises transnationales qui rendent périmées les réponses nationales. Et, bien que ces trois facteurs – biosphère, finance et sécurité – aient des composantes matérielles et économiques d'importance, aucune ne peut être atteinte sans un changement *correspondant* de conscience chez les nations qui devront *céder* une part de leur souveraineté pour le bien transnational.» (p. 200, souligné dans le texte) «... Il faudra une hausse de conscience permettant de voir dans une mort partielle une plus grande vie pour l'ensemble...»

La transformation est individuelle

En effet, si l'évolution est affaire de matière et de corps, la transformation spirituelle (dépassant le moi) est affaire de conscience individuelle. Et comme les structures permettant l'étape suivante existent, selon l'opinion de Wilber, «c'est à chacun d'entre nous de les actualiser, cela dépend de chacun de nos gestes concrets.» (p. 19) En effet, et il est capital d'insister : **ce sont des individus qui sont transformés ainsi, pas des masses, pas des espèces, pas des cultures.** «C'est dans le cœur et l'esprit de ces **individus** qui évoluent que se prépare cette transformation à venir.

Ils créent un “potentiel cognitif” sous forme de nouvelle vision mondiale qui, à son tour, refluera vers les institutions sociales.» Car Wilber est obligé de l'admettre : «... Au point où nous en sommes, à part ce travail intérieur individuel, je ne vois pas de porteurs collectifs de cette intériorité.» (p. 197)

Il est du reste fort douteux que les **institutions,** contrairement à ce que dit Wilber, puissent jamais porter une conscience spirituelle, puisqu'à travers l'histoire, ce sont elles qui ont toujours tué l'intériorité. Mais il est possible que des individus de plus en plus nombreux puissent s'éveiller, constituant de façon informelle **une fraternité d'éveillés.** «Du reste, conclut Wilber, peut-on imaginer une raison pour l'évolution de cesser tout d'un coup, alors qu'elle a si puissamment œuvré pendant 15 milliards d'années et produit tant de merveilles indéniables?» (p. 204)

Cependant, il ne faut pas placer au même niveau l'évolution et l'éveil. Cela peut être une fort belle pensée, qui peut même apparaître parfaitement logique et tout à fait réconfortante, mais il n'y a pas de rapport entre les deux. **L'évolution des espèces et des stades de conscience chez l'être humain ne mène pas forcément vers l'Éveil, puisque celui-ci n'est jamais le résultat de quoi que ce soit.** L'Éveil fait cesser le processus évolutif en hissant le sujet à un niveau que l'évolution ne pouvait ni préparer ni prédire. C'est une déchirure verticale, un commencement absolu qui replace l'être dans son origine, avant sa naissance. Les formes continuent et continueront, mais la Conscience éveillée en est libérée à jamais.

Les sages de l'avenir?

Selon Wilber, «les sages... ne peuvent être expliqués comme un héritage du passé : ce sont plutôt des Attracteurs du futur, des points d'Omega qui ne se sont pas encore manifestés *collectivement* dans le passé, mais qui cependant sont disponibles à chacun comme des... structures d'avenir qui tendent à descendre jusqu'à nous et non comme des structures qui se débattent pour monter vers nous.» (p. 249)

Nous avons ici résumée toute l'ambiguïté qui se cache derrière l'idée d'un **progrès continuel** lorsqu'il est appliqué à la Conscience libérée. Cette idée est née à l'époque de la Renaissance, au moment où les promesses d'un avenir de plus en plus prospère semblaient garanties à jamais. Il était alors facile de transposer, du niveau physique au niveau psychologique, cette progression prometteuse et inévitable. Aussi croyait-on que l'intelligence, le génie, la raison, la tolérance viendraient avec la surabondance des biens matériels et culturels. Et lorsque, au XIXe siècle, les théories de l'évolution ont commencé à apparaître et à convaincre les esprits en effervescence, on y a vu la confirmation de la thèse – devenue dogme – du progrès illimité. Le progrès **matériel** devenu progrès **psychologique** devait un jour nous conduire vers un progrès **spirituel,** c'est-à-dire vers la Conscience éveillée. Et voilà l'erreur contenue dans l'idée de l'évolution lorsqu'on veut l'appliquer au niveau transcendant.

Il y a derrière toute la thèse de Wilber l'idée d'un espoir continuel garanti ou du moins annoncé par le processus évolutif lui-même. Mais si cela apparaît encourageant pour la conscience psychologique plafonnée, c'est encore là une erreur du point de vue de la Conscience libérée : l'espoir est un poison qui empêche de vivre au présent et manifeste le moi dans son comportement le plus spécieux. En effet, le moi veut toujours obtenir, parvenir ailleurs, devenir quelqu'un d'autre, atteindre le bonheur dans une situation à venir. Or, cet élan vers l'avenir apparaît comme quelque chose de beau, de louable, de généreux, d'héroïque même, mais ce sont là justement les caractéristiques d'un leurre.

Cette idée que l'avenir est seul porteur de bonheur, de libération vis-à-vis de toutes les tensions et conflits, apparaît pour le moins contestable. Les sages, dans la mesure où ils manifestent un accomplissement de l'être humain, ne sont dépendants ni du temps (passé et futur), ni des conditionnements (talent, sexe, emploi, santé). Ils échappent à l'évolution plutôt que de s'y inscrire et d'en dépendre. En effet, la transformation radicale est une affirmation absolue du Présent, c'est-à-dire de l'Intemporel, de Ce qui ne connaît ni naissance ni mort. Il ne peut y avoir de prévision ou de progrès menant vers cette Conscience totale, il ne peut non plus y avoir de garanties ou de conditions permettant son éclosion. **Les sages ne viennent ni du passé ni de l'avenir : ils transcendent le temps. Ils nous rappellent non pas ce qui devient, mais CE QUI EST.** Et CE QUI EST est indépendant de ce qui a été ou qui deviendra, puisqu'il en est la base, la source, la racine. Je dirais même que, loin d'être située en avant et venant vers nous, la Sagesse est antérieure à toute histoire, à toute évolution et que **tout effort pour l'atteindre dans l'avenir nous en éloigne automatiquement.**

Du reste, Wilber en conviendra plus loin lorsqu'il écrira qu'«à tout instant dans la vie d'un individu, là où le développement est suffisant, un saut radical dans le Sans-Forme peut se produire... Et pourtant, le Sans-Forme lui-même n'est pas le résultat de ce saut et il ne commence pas à exister à ce moment, il est là dès le début.» (p. 253) «Même si j'accède au Sans-Forme, encore, encore et toujours, le monde des formes continue.» (p. 316) Le monde des phénomènes (les formes, le sensoriel) ne peut que poursuivre son développement, mais il ne contient aucune possibilité comme tel de faire éclore la Conscience totale.

« L'évolution pousse vers l'avant, cherchant uniquement **Cela.** Mais elle ne le trouvera **jamais,** parce que l'évolution se développe dans un monde de formes... et comme elle ne le trouvera **jamais,** elle ne **cessera jamais** de le chercher.» (p. 316, soulignés dans le texte)

L'Éveil est vertical

C'est que le phénomène de l'évolution est horizontal, alors que l'Éveil est vertical. Dans l'évolution, la matière en partant des unicellulaires (protozoaires, amibes, diatomées) progresse vers des organismes de plus en plus volumineux, complexes, articulés, raffinés et compréhensifs. De la matière surgit la vie, de la vie la conscience. Seulement, il s'agit d'une conscience limitée, plafonnée, égocentrique, la conscience d'un moi mental qui s'approprie un grand nombre de fonctions, d'organes et de facultés. Or, la **reconnaissance** de ce moi illusoire n'entre aucunement dans l'évolution comme étape inévitable ou même prévue. En réalité, le mental limité ne veut justement pas reconnaître ses limites. Ce n'est que lorsqu' il reconnaît celles-ci qu'une ouverture, qu'un détachement par rapport au corps et à ses fonctions, peut s'effectuer. Mais, hélas, rien ne semble le disposer à un tel geste.

Comme il a été dit plus haut, l'Éveil est vertical, c'est-à-dire intemporel, dans un présent éternel. Par conséquent, la Conscience éveillée n'est pas localisée, elle n'a point de référence temporelle ou spatiale. Elle est complètement sans références d'aucune sorte, sans attentes, sans attaches. Bien que toujours présente au cours de l'évolution horizontale des formes, elle n'a besoin de se manifester dans aucune forme et lorsque celle-ci apparaît, elle en demeure toujours libre. Pourtant, elle se manifeste totalement par les formes phénoménales – sans y être attachée – et les corps ainsi que la Conscience éveillée ne forment qu'une seule réalité.

C'est l'évolution qui est dans la Conscience, plutôt que la Conscience soit dans le processus évolutif et déterminée par lui. L'évolution se fait au sein de cette Conscience qui ne nécessite pas l'évolution et n'est pas nécessitée par celle-ci. Même si les choses n'étaient pas, la Conscience serait. Et lorsque les choses ne sont pas encore ou ne sont plus, la Conscience **est.**

L'éveil n'est pas une question d'évolution de la race humaine. Ce n'est donc pas une affaire d'élite, mais cette ouverture est disponible à tous ceux qui consentent à se poser des questions radicales et qui se les posent jusqu'au bout, jusqu'à céder leur impuissance et leur ignorance à cette Présence qui sait, mais qui se tait. Ce n'est pas fait pour les cyniques ou les butés qui «dételleni» d'avance en se disant : «À quoi bon! Tout le monde est insensé et rien ne vaut qu'on s'en donne la peine à ce point. Moi, je me contente de vivre mon petit bonheur et au diable le reste de l'humanité. De toute façon, la spiritualité, c'est une autre forme de fumisterie, la plus subtile de toutes. Moi je demeure réaliste et personne ni rien ne me fera changer d'idée.»

L'Éveil n'est fait que pour les courageux, les humbles, les gens qui ont accepté de se regarder en face et cessé d'accuser l'univers, la vie ou les autres de leur malheur.

14

CONNAISSANCE

Reconnaître le moi

L'idée d'un moi est transmise à la façon de tous les conditionnements et habitudes. En réalité, c'est l'habitude de base, le conditionnement de tous les conditionnements. Une mauvaise habitude, une erreur fondamentale, une fausse perspective. Cette pensée d'un moi est transmise par la mère à l'enfant dès le sein maternel. Pendant la gestation, l'enfant entend la mère employer des mots comme «moi», «je», «mien». Bien sûr qu'il ne connaît pas la signification de ces mots, mais il **sent** ce que sent la mère chaque fois qu'elle les prononce, ce qui est fort souvent. Le sentiment créé par le mot est un sentiment de confort et de sécurité, tout comme l'enfant ressent ce que ressent sa mère lorsqu'elle vit une colère ou une haine : il ne sait pas ce que c'est, mais il le **sent.** Ce sentiment est incorporé spontanément : il sent donc ce qu'est le mot avant de le savoir. Cela le pénètre et l'habite : c'est un moule tout prêt à recevoir le concept à venir, un concept inséparable d'une émotion.

Et dès que l'enfant est sorti du sein et qu'il entend encore et toujours ces mots qui font référence à un moi, que ce soit de la bouche de sa mère ou des autres qui l'entourent, le sentiment s'imprime de plus en plus, de sorte que lorsque l'enfant commence lui-même à prononcer ces mots, ils sont déjà investis de pouvoir et de solidité : il **sait** qu'il a un moi, qu'il est quelqu'un, qu'il est une entité individuelle.

Cette conviction est renforcée par une évidence : l'enfant voit que son corps n'est pas celui de sa mère, qu'ils sont divisés, différents, totalement distincts. Le visage aussi est différent des autres. L'évidence physique de l'existence des corps – l'organisme, la table, le jouet, le lit – a été transposée subtilement au domaine psychologique, ce qui donne l'impression à la pensée que ma colère m'apparaît comme **une réalité objective et qu'elle résiste** tout aussi bien que le corps ou la table.

On a objectivé le moi, on en a fait un objet «réel».

La pensée «je suis un individu séparé»[1] qui est burinée dans la

1. Le philosophe René Descartes écrivait dans le deuxième livre de ses *Méditations* les paroles suivantes devenues célèbres : «... Après y avoir bien pensé et avoir soigneusement examiné toutes choses, enfin il faut conclure et tenir pour constant que cette proposition : *Je suis, j'existe* est nécessairement vraie, toutes les fois que je la prononce, ou que je la conçois en mon esprit.» (*Œuvres et Lettres,* Gallimard, p. 275) Si l'on s'en tient aux mots, Descartes a raison : le «je suis» est, en effet, l'être véritable de l'Homme. Mais il ne parlait pas d'un Je Suis éternel, il renvoyait simplement à la conscience d'un moi-pensée, d'une chose qui n'a guère de consistance, qui remue constamment et, qui plus est, n'existe pas sinon comme pensée et **sinon lorsque pensé.** C'est du reste ce qu'il semble entrevoir, mais sans vraiment y adhérer ou y entrer complètement : «*Je suis, j'existe :* cela est certain, reprend-il; mais combien de temps? À savoir, autant de temps que je pense; car peut-être se pourrait-il faire, si je cessais de penser, que je cesserais en même temps d'être ou d'exister...» (p. 277) Oui, ton moi cesserait – puisqu'il n'est qu'une pensée – mais pas ton être! Mais pourquoi ne s'y engage-t-il pas? Car une pensée n'est qu'une vibration momentanée, fugace, sans solidité et, à cause de cela, ne peut être le fondement de l'être ou de la vie. Ce que Descartes accordait à Dieu dans son système, il l'enlevait à l'Homme et c'est là que tout s'effondre. Car l'être humain n'est rien d'autre que la manifestation de l'Absolue Présence et les fonctions telles que la pensée, le mouvement ou les sensations ne sont que des instruments de cette Présence, instruments qui ne peuvent tenir tout seuls et qui tirent leur sens et leur existence de Celle-là.

conscience commune, produit le sentiment de la séparation et l'entretient par la répétition. Cette pensée devenue mémoire apparaît comme une évidence partagée par tous, autant que la pesanteur des objets ou la rondeur de la terre. Penser que je suis quelqu'un, un centre et un contrôleur de la vie, cela prend automatiquement pour moi une importance émotive, une valeur suprême que je suis prêt à défendre de toutes mes forces. Cette pensée est devenue non seulement une évidence irréfutable, mais une nécessité incontournable, en somme, une ÉVIDENCE NÉCESSAIRE. Et quelle est au juste cette évidence? Que je suis le centre de tout, que le monde gravite autour de moi. Un sentiment à la fois de solidité et d'insécurité : me sentant coupé de tout, je sens la nécessité de me méfier, de me défendre, de vouloir dominer et d'avoir raison contre tous «les autres» et, en même temps, cette fausse sécurité que crée le moi doit être constamment renforcée, entourée, rehaussée par l'admiration des autres, leur amour, leur approbation, que l'on quête comme un besoin absolu. Il y a à la fois une peur radicale et un désir constant d'accumuler, de posséder, de tout tirer à soi pour se convaincre qu'on est quelqu'un, que l'on est solide, que l'on est fort et que l'on va durer. PEUR et DÉSIR : voilà le moi. On s'entoure de ce mirage, on le cultive, on l'entretient, on y croit tellement qu'il nous semble impossible qu'il y ait dans la vie autre chose qui soit plus important.

Pensées/dogmes

Toutes les pensées similaires, telles que «ma nation est supérieure, ma religion est la meilleure, l'homme est supérieur à la femme, on peut tout avec l'effort, certaines races sont inférieures, le progrès est illimité, le pouvoir seul compte», acquièrent également ce statut d'évidence nécessaire que l'on appelle en religion un dogme. Cela est nécessaire parce que la sécurité de tous les MOI en dépend. C'est pourquoi toutes ces pensées dogmatiques et fermées découlent de la pensée que je suis quelqu'un, que je veux durer et imposer ma volonté à la vie et que c'est moi qui ai raison, moi qui suis le plus important, le centre du monde, l'Unique.

Mais avec le temps et si l'on veut bien regarder, s'en rendre peu à peu conscient, on verra clairement que l'on n'est pas maître de la vie, pas même de la sienne. **Si on contrôlait sa vie, ne s'empêcherait-on pas de vieillir?** Toutes les fonctions du corps me disent clairement et carrément que la vie ne vient pas de moi, qu'elle n'est pas à moi et que je n'ai aucun pouvoir sur l'avenir. Je ne peux davantage forcer quelqu'un à m'aimer et, si j'ai une passion violente pour une personne qui elle n'a qu'un attrait très faible pour moi, le drame et la souffrance vont commencer.

Si l'on regarde de plus près, dans le domaine du corps, on s'aperçoit que tout se fait tout seul sans notre permission, notre avis ou même notre conscience. La **respiration** vient on ne sait d'où et on ne sait vraiment pas comment cela se fait et s'entretient même pendant le sommeil. Le **sommeil** lui-même n'est pas soumis à notre volonté (si on fait un effort pour dormir, le sommeil ne viendra pas) et, pendant le sommeil profond, on n'y est pas du tout et cependant tout fonctionne rondement. Les **fonctions physiologiques** – digestion, circulation, élimination – se font également à notre insu. La faculté de la **raison** apparaît vers sept ans sans nous consulter et au moment où l'organisme est prêt. Même chose pour la **sexualité** qui vient subitement et transforme complètement le corps (on ne nous avertit pas la veille par télégramme : cela se fait spontanément sans qu'aucune pensée, aucune volonté n'intervienne). Le **coup de foudre** est également spontané et hors de notre contrôle. L'inspiration artistique de même. Et **l'éveil de la Conscience,** en particulier, est une percée qui se fait toute seule sans que nous puissions la forcer ou la comprendre.

Décidément, la Vie n'a vraiment pas besoin de nous pour fonctionner.

L'humilité

Une majorité d'individus qui composent le monde actuel sont profondément inquiets, troublés, déçus. Ils se sentent impuissants devant l'escalade du désordre, de la violence, des abus, des magouilles et mafias qui infiltrent tous les niveaux de la société. Face au dérapage qui va de l'escalade de la production/consommation jusqu'à l'épuisement graduel et incontournable de la Terre, de l'abus de confiance des chefs à la perte graduelle de croyance aux systèmes de valeur, nous avons perdu à la fois le sens de la vie, le goût de chercher des solutions et la capacité de trouver notre chemin. Nous vivons un état d'échec global, planétaire et humain, au point que le désespoir et l'impuissance se lisent de plus en plus sur les visages ravagés qui circulent dans nos cités.

Il ne faudrait pourtant pas s'en étonner. Car ce qui arrive à l'individu – qu'il soit seul ou en groupe, qu'il forme avec d'autres des villes, des contrées, des pays ou des continents – arrivera forcément aux multitudes, puisque celles-ci ne sont que des agglomérations d'individus. Et ce qui se passe dans une vie humaine se passe sans doute dans la vie d'une société, d'une civilisation ou d'une race. Du reste, la vie des individus suit une courbe assez universelle, même si les rythmes de ces montées et descentes ne sont pas identiques chez chacun. En effet, chaque humain traverse les peines et les joies communes à l'espèce : chacun à la fois espère et désespère, aime et déteste, accepte et refuse, comprend et ne comprend pas. Chacun commence dans l'espoir, la passion, le courage, pour atteindre ensuite un plateau d'autosatisfaction ou d'inertie, après quoi les illusions comme des bulles éclatent graduellement, l'individu se voyant finalement acculé à reconnaître qu'il ne fera pas de sa vie ce qu'il aurait voulu, qu'il n'a jamais vraiment fait ce qu'il voulait et que la vie mène vers un cul-de-sac. Il se découvre impuissant à atteindre son bonheur ou, s'il l'atteint, à le tenir. Le château de roc s'avère château de sable.

Mais c'est devant l'échec et l'épreuve perçus comme insurmontables – faillite financière ou amoureuse, maladie mortelle, deuils d'êtres chers et proches, divorces, déchéance morale, diffamation et trahisons, alcoolisme, dépendances affectives –, c'est surtout dans la grande épreuve qu'apparaît la possibilité d'un questionnement radical. (C'est au milieu de la boue que la semence du lotus appelle déjà la lumière qui fleurira.) C'est au milieu de son enfer, lorsque l'insatisfaction est impossible à éviter et à surmonter, c'est souvent alors que ce questionnement permettra d'ouvrir une brèche dans la résistance. La brèche qui fait voir. Et que fait-elle voir? Non pas le ciel, mais l'enfer que le moi s'était construit en cherchant le bonheur dans l'ailleurs, l'enfer dont il ne peut sortir de ses propres forces. Il suffit de reconnaître le désespoir pour que la lumière pointe déjà. Personne ne monte sans être tout d'abord descendu.

La situation mondiale actuelle n'a jamais autant ressemblé à un échec, à un imbroglio indémêlable, à l'abîme que se creuse un narcomane. Mais ce qui paraît un désastre pour la conscience ordinaire est une situation idéale pour que se fasse la transformation : il suffirait de reconnaître son impuissance, il suffirait de dire oui à son désespoir. Reconnaître que l'on est incapable de se rendre heureux à force d'avidité, de se libérer à force de droits accumulés, d'aimer à force de corps possédés et de passions assouvies. Comme le dit Jean Klein : «Vous devez être arrivé à un état de faillite complète... un état de "je ne sais pas"... Toutes les possibilités doivent être complètement abolies... C'est un état où vous êtes complètement démuni. Vous devez vivre pleinement cet état d'impuissance (*helplessness*).» (*Transmission of the Flame,* p. 8)

Le sentiment d'impuissance est une percée de la Grâce, de la Conscience.

C'est une étincelle d'éveil. C'est par l'humilité que la transformation commence. Être humble, c'est être dénudé de toute prétention. Ce dénuement est décrit par Maître Eckhart comme une triple négation : est dénudé «celui qui ne désire rien, ne sait rien et ne possède rien.» En somme, il reconnaît qu'il n'est rien en lui-même. Ailleurs, le maître rhénan du XIVe siècle revient sur l'idée que «toutes choses sont néant en Dieu», que «toutes choses sont choses piteuses et pur néant... Je ne dis pas qu'elles sont minimes ou qu'elles sont quelque chose, non, elles sont un pur néant.»

En réponse à la question «l'éveil est-il commun à toutes les traditions?», Éric Baret répond : «Toutes les traditions ont parlé de la possibilité de devenir humble. L'éveil, c'est l'humilité, c'est arrêter de se prétendre ceci ou cela, arrêter de prétendre diriger sa vie. Se rendre compte que le courant des choses est là et se donner à ce courant sans vouloir diriger, c'est l'humilité.»

La souffrance permanente

Les conflits et la violence qui affligent les humains ont toujours existé. Toutes les traditions ont parlé de la misère humaine, toutes les chroniques en ont fait état. En cela, le bouddhisme est un bon témoin, puisqu'il date de 2 500 ans et que non seulement il s'est maintenu : il est même devenu une vision-du-monde de plus en plus respectée. Or, le bouddhisme est fondé sur trois **faits :** la souffrance en toutes choses (les désirs, la maladie), l'impermanence de toutes choses (le dépérissement et la mort) et l'absence de moi en toutes choses. Croyez-vous un seul instant que cette triple réalité ait changé depuis 2 500 ans ou qu'elle va changer au siècle prochain? Ce qui est certain, c'est que personne pour le moment ne peut nier ni contourner ces trois faits.

Et si les deux premiers faits sont reconnus ou du moins reconnaissables par tout être humain qui a vécu, qui a emmagasiné de l'expérience et qui voit cette vie absurde et sans issue, en revanche, le troisième fait (l'inexistence du moi) ne frappe pas du tout la personne ordinaire et même pas celui qui ressent vivement son impuissance, puisqu'il croit celle-ci due à quelque chose d'en dehors et non à lui-même. **Mais c'est ce troisième fait qui est le plus important, puisqu'il est justement ce qui libère des deux premiers.**

Toutefois, pour voir l'absence de moi comme le fait fondamental, cela suppose un saut vers un point de vue plus élevé, un saut que très peu de gens sont prêts à faire ou peuvent même envisager, tellement il va à l'encontre de tout ce feuilleté d'habitudes culturelles, de toutes ces pelures de croyances. Mais comme nous le diront tous les sages, le fait absolu est qu'il n'y a pas de moi, qu'il n'existe pas de personne, de personnalité ou d'entité individuelle séparée de tout le reste. C'est là un fait qui ne dépend pas de ce que l'on croit, pas plus que la rondeur de la Terre, l'existence de la gravitation ou la mort n'attendent notre avis ou notre consentement pour s'avérer des faits inéluctables.

Hum*ain*-hum*ilité*

La sagesse traditionnelle nous dit qu'il n'y a pas de moi, seulement des organismes reliés ensemble et formant ce qui s'appelle l'environnement, le monde. Et c'est justement de la terre (*humus,* en latin) que vient le mot humilité, ainsi que le mot *humanus* (humain) qui lui est semblable. La vraie humanité chez un individu est ce qui lui fait reconnaître qu'il n'est pas sa propre source, qu'il ne dirige ni ne possède la vie, c'est ce qui lui fait voir qu'il **est** dans la mesure où il s'efface dans un **nous** qui l'englobe, le nous des vivants, qui comprend la Terre ainsi que toutes les espèces de vie qu'elle contient et entretient, qu'il est dans la mesure où il n'est pas identifié au corps.

Les faits inéluctables de la vie

On peut toujours nier et contourner des croyances de religions, tels que le judaïsme et le christianisme, basées non sur des faits, mais sur des interprétations, des spéculations et des souvenirs enrichis, c'est-à-dire biaisés par le virage du temps. **Mais on ne peut nier des FAITS actuels existant en chacun de nous, des faits qui sont toujours présents partout dans le monde, tels que la souffrance, l'impermanence des choses et l'absence de moi dans les organismes.** On peut certes nier et contourner de toutes les façons ce dernier fait si radical et bouleversant; on peut également maintenir fermement ce conditionnement aveugle qui est cause de toutes les souffrances, avidités, guerres et divisions.

Ces souffrances qui sont bel et bien réelles, les Contemplatifs, les Éveillés vedantistes, bouddhistes, taoïstes, chrétiens et soufis les ont attribuées à l'**illusion** du moi, à la **chute** dans l'égoïsme, à l'**oubli** de son vrai visage originel. Oubli, illusion et chute renvoient à la même réalité : l'occultation de la vraie nature intemporelle de l'Esprit.

Les Éveillés de la grande tradition contemplative ont toujours commencé par reconnaître les **faits** de la vie. Ce ne sont pas des rêveurs, ce sont en réalité les seuls qui ne rêvent pas parmi les humains, les seuls qui voient la réalité telle qu'elle est. Ce sont les grands Connaissants. Et c'est à partir du corps, des limites de l'existence, des frustrations, des émotions, des conditionnements et des désirs de s'en libérer que leur questionnement a pris corps pour être transmis comme un héritage à travers époques et pays. Cependant, cet héritage n'est pas d'ordre génétique, il ne peut être reçu que par un cœur qui cherche, par une conscience qui questionne, qui doute, qui est à l'écoute et qui reconnaît qu'elle ne sait pas. **Tout ce qui est situé dans les faits peut aider à atteindre la vérité. Tout ce qui n'est pas factuel, mais factice – un produit de l'imagination et de l'émotivité – est un obstacle à la vraie Connaissance.**

(Du reste, ce n'est pas parce que la majorité des gens croient que le moi est une réalité que c'est le cas pour autant. Une illusion est une illusion, peu importe ceux qui ne la voient pas. Si l'on croit qu'un arc-en-ciel est une réalité substantielle, cela n'empêche pas que ce soit faux. Ce n'est pas parce que la majorité est égoïste, avide, menteuse et raciste que ces attitudes sont admirables, recommandables, admissibles ou, encore, que c'est ce qui représente le mieux l'être humain. La pensée de la majorité est la pensée la moins critique, la plus infantile, la moins responsable, c'est celle qui se soucie le moins d'atteindre la vérité. La vraie connaissance n'est guère reconnue et encore moins connue!)

C'est donc à la fois par l'inventaire, par la reconnaissance des faits et de ce qui leur fait écran que les grandes traditions se sont développées. Il s'agissait de voir CE QUI EST, de connaître la réalité derrière l'apparent, l'inventé, l'illusoire, l'oublié. «C'est la perception (la sensation) qui fait connaître la vérité, dit Jean Klein, non la conception (le mental).» Il s'agissait surtout de **se reconnaître** comme ce qui à la fois manifeste et cache quelque chose. Car l'organisme est un écran en même temps qu'une transparence ou un dévoilement, comme l'ont si bien dit les soufis de l'Islam. L'irréel cache le réel, le moi cache le non-moi, l'attache cache et empêche la liberté.

Du reste, cet inventaire, ce questionnement est accessible à tout individu qui est souffrant, désemparé, impuissant et qui, malgré sa souffrance ou plutôt à cause d'elle, persiste à chercher, à attendre dans une attitude de «je ne sais pas», d'ouverture, d'humilité. Ce questionnement n'est pas facile, il est exigeant et ne flatte aucunement le moi. Il est pourtant ce qu'il y a de plus scientifique : le laboratoire où il s'exerce est l'organisme, l'observateur en est l'acuité de la conscience et le résultat une connaissance qui libère. La consigne ou la condition permettant l'accès à cette connaissance scientifique est la suivante : «Faites-le vous-même et vous verrez; vérifiez vous-même et vous saurez.» Mais qui veut vraiment connaître? Qui veut vraiment être libre?

Un questionnement

Il y a plusieurs façons de questionner. Ce qui importe, ce n'est pas tellement la chose que l'on questionne, c'est le questionnement lui-même. On peut, par exemple, se poser des questions sur une chose aussi commune que le sommeil. On voudra savoir ce qui, pendant le sommeil profond (non le rêve), tient en vie ce corps, faisant fonctionner à la fois la respiration, la circulation, la digestion, les sytèmes nerveux, sympathiques et immunitaires, ainsi que tous les organes. Un jour, on se sent attiré à percer le secret. On examine, regarde, écoute. Mais il ne vient aucune réponse. Si l'on dit : «c'est Dieu qui fait marcher tout ça», cette pensée vient de la mémoire. Elle est une réponse précédant la question et qui évite la recherche, l'écoute. On se dit, du reste : «Je ne sais ce que c'est que Dieu. Tout ce que je sais, c'est que ce n'est pas moi qui fais fonctionner le corps. C'est-à-dire qu'il ne semble y avoir rien qui vienne de la conscience mentale – de la pensée, du raisonnement –, d'aucun centre énergétique qui puisse rassembler dans le silence de la nuit, comme le ferait un chef d'orchestre, ces myriades d'instruments – atomes, molécules, cellules, organelles, organes, nerfs, ossature, musculature – en une seule musique douce et continue. En effet, je dois constater que, durant le sommeil profond, il n'y a pas à ma connaissance de centre responsable qui voit à tout cela et qui l'unifie. Le centre que j'appelle moi, s'il existe, n'y est certainement pas pendant que l'organisme dort. Durant le rêve, oui, il y a de la mémoire, des images, des émotions, donc un référent psychologique, mais dans le sommeil profond, il n'est rien de tel. Or, **si le corps en sommeil peut fonctionner si bien sans un moi, n'est-ce pas un indice que le moi n'existe pas? autrement, il faudrait qu'il y soit tout le temps.** Et si le corps fonctionne sans moi durant le sommeil – de cela je suis sûr –, qui me dit qu'il a besoin d'un moi pour fonctionner en plein jour?»

Maintenant, si l'on cherche à localiser ce centre d'organisation diurne, il ne se présente qu'une infinité de ratés, de trous, de discontinuités, de pensées éparses, toujours changeantes sans aucun point fixe. Comment toute cette population hétéroclite sans gouvernail pourrait-elle maîtriser et gouverner un corps alors qu'elle ne peut même pas s'ordonner et se mater elle-même? Et pourtant, alors que les pensées sont éparses et disconnectées, sans un centre stable pour en faire une continuité, et que les émotions également naissent et meurent comme des fondus enchaînés, il reste tout de même le corps, l'organisme physique qui lui n'a besoin de personne pour fonctionner comme une seule et parfaite unité.

Serait-ce que le corps seul existe et que le reste – pensées, émotions – n'est que tributaire du corps et dépendant de lui? Car tout n'est-il pas dans le corps? La pensée est une sécrétion du cerveau et les réactions émotives sont une composante des pensées et du corps. On peut donc dire que chez l'humain, rien n'existe en dehors du corps. Cependant, ces fonctions mentales/émotives peuvent se séparer de la sagesse, de la connaissance, de la véracité du corps. Cette déviation se fait au moyen du moi qui utilise pensées et émotions pour se fabriquer un monde imaginaire, décroché du physique et pour se protéger contre les faits qui le heurtent ou le contredisent. (Même lorsque la pensée est utilisée pour des recherches fort louables et «objectives» comme dans les sciences, le petit moi trouve encore moyen de s'y infiltrer et de récupérer ces connaissances et recherches.) Ce n'est pas que le mental soit en lui-même égocentrique, car toutes les fonctions du corps – pensée, imagination, mémoire, sensibilité – sont en soi des instruments neutres et bénéfiques. Mais, dès que le moi commence son cinéma interminable, sa dramaturgie infinie, tout ce que le corps recèle d'énergies et de facultés est récupéré par lui et ainsi détourné de son vrai but, de son sens véritable. C'est alors que commence le règne de l'oubli, de l'illusion et de l'ignorance.

La juste perspective

Comme tout le monde, j'ai passé ma vie dans la conviction ferme et continue que j'étais quelqu'un, une personne, un individu séparé de tous les autres. Ce n'est qu'en approchant la fin du périple que quelque chose semble remuer dans l'organisme, un pressentiment, une perception de ce que Jean Klein appelle la **perspective** et dont dépend, selon lui, la vraie compréhension. Cette perspective n'est pas la claire vision de ce que l'on est, mais une saisie de plus en plus claire de ce que l'on n'est pas et que l'on a cru être tout au long de l'existence. «On ne peut connaître ce que l'on est, dit Nisargadatta, seulement ce que l'on n'est pas.» On commence donc par voir ce que l'on n'est pas. La vraie perspective consisterait donc dans le fait de voir l'évidence suivante : «On se prend pour une entité personnelle, on s'identifie à cela, on agit, pense et sent à partir de ce point de vue. On s'objective, c'est-à-dire que l'on en fait un objet. On se donne un nom, "Jean", "Jeannette" auquel on s'identifie. On prend contact avec son environnement à travers ce Jean, cette Jeannette et c'est ce personnage qui rencontre Georges... On cherche la sécurité, on cherche à être aimé, considéré...

Cela, il vous faut le voir, non simplement l'entendre, non seulement le penser, mais voir dans le moment même où cela se produit... Tout cela est le résultat de votre éducation, de vos parents, de la société et des expériences. Mais tout cela n'est qu'invention de votre imagination... Voyez que la personne est une illusion. Vous ne pouvez être libre de la personne que lorsque vous comprenez la nature de la personne : elle est cuisinée par l'esprit...» (*Transmission of the Flame,* pp.16-17)

S'éveiller, c'est voir qu'il n'y a pas de moi, que ce moi est pure fiction, et voir cela dans l'action quotidienne. On reconnaît tout d'abord le voile, l'illusion, le mensonge entretenu, mais ce qui le reconnaît ne peut être reconnu. Et pourtant, c'est cela seul que l'on cherche: «Ce que l'on cherche, c'est le chercheur.» La quête est un boomerang. La Source cherche à travers nous la Source.

Y a-t-il une réponse à la question que l'on posait au sommeil? «La réponse est dans le questionnement.» L'ouverture de l'humilité, du «je ne sais pas» est la réponse. Ni explicite, ni saisissable ou exprimable par les mots ou la pensée, ni confrontable, ni démontrable ni même imaginable...

15

VOIE CONTEMPLATIVE

Le moi, «prince de ce monde»

Le regard ordinaire, plafonné par l'habitude et l'inconscience, voit l'être humain comme une personne, une entité individuelle, séparée de tout le reste, surtout de la Source, de la Présence silencieuse ou de Dieu tel qu'on l'entend encore dans certaines couches de la population. Ce moi, qui est le fondement de la société, est perçu comme le contrôleur du corps, des corps, de toutes choses et de la vie. C'est lui qui mène le monde. **Ce n'est pas le sexe, la raison, le pouvoir ou l'argent qui mènent le monde, c'est le moi. C'est lui le Prince de ce monde dont parlait Jésus.** Ramana Maharshi avait bien raison de dire que Satan, c'est le Moi. Voici son commentaire à ce sujet : «L'ego est le trompeur suprême, le vrai satan. Il est l'inventeur du meurtre et du mensonge. Il est le père des mensonges, l'imposteur qui a usurpé le siège du vrai Soi. Le moi, c'est tout le mal qu'il y a. Du moi qui est l'ignorance, sortent tous les maux qui pèsent sur la vie.» (*Maha Yoga,* 1967) (On se souviendra que Jésus mentionne le «père du mensonge» en parlant aux pharisiens dont il disait qu'ils en étaient le rejeton.) Cette constatation que le diable ou démon est le moi avait déjà été faite par Catherine de Sienne : «Le principe et le fondement de tout le mal est l'amour-propre..., la volonté-propre..., source de tout mal..., l'amour-propre enferme en lui tout mal.» Et

Catherine de Gênes, un siècle plus tard (XVe), reprend ce même thème : «Je crains le moi plus que le démon. Ce faux moi est aussi mauvais que n'importe quel diable... le faux amour-propre n'est qu'ennui constant, tristesse et mort vivante de notre vrai moi... Toutes souffrances, toutes peines, tous déplaisirs sont causés par l'attachement au faux moi.» (Il est bon de se rappeler que chez les contemplatifs chrétiens, les mots «orgueil», «amour-propre» et «volonté propre» voulaient dire le moi, le faux moi, le vrai étant le Christ ou Dieu, comme le dit du reste Catherine de Gênes : «Mon moi est Dieu et je ne reconnais pas d'autre moi, sauf Dieu lui-même... Mon Être est Dieu... Dieu est mon Être, mon Je.»)

L'humain : un organisme sans moi

Le regard contemplatif considère l'être humain simplement comme un organisme, rien de plus, au même titre que les lucioles, les hirondelles, les chanterelles et les guépards. Il est de la même nature que tous les autres vivants, de la pierre jusqu'aux étoiles. Et comme eux, il est sans moi qui le gouverne. Il n'y a qu'un **organisme muni de fonctions :** les sensations, la sensibilité, le mental (pensée, mémoire, imagination) et l'action, le mouvement. Tout cela est totalement et uniquement **corporel :** la pensée qui donnerait l'impression d'être en quelque sorte «hors du corps», par sa projection et sa créativité, est en réalité un produit du cerveau qui, on le sait, peut même être perçu comme un résumé, une somme du corps entier.

Ce qui dans le monde existe pour le regard contemplatif (unifié, libéré), c'est une multiplicité innombrable d'organismes et rien d'autre, des organismes complètement distincts et uniques, en même temps que totalement reliés ensemble, au point qu'il n'y a qu'un seul Grand Organisme dans lequel s'insèrent parfaitement, comme en faisant partie intégrante, les corps humains qui, bien sûr, ne diffèrent aucunement de cet environnement englobant. Tout cela ensemble ne forme qu'un seul corps. L'environnement immédiat – le corps physique – est complètement un avec son milieu :

le monde de la nature et des vivants. Pour la conscience éveillée, il n'y a pas de coupures entre l'ensemble des êtres, seulement une infinie variété, comme la multitude des cellules constituant un corps. Il n'y a que des organismes-et-leurs-fonctions formant un seul tout naissant, grouillant, agissant, créant et mourant finalement. (Ce qui est semé, pousse, fleurit, fructifie, ensemence et disparaît à son tour sans qu'il y ait jamais de personne qui naisse ou qui meure.)

Le Seul Vivant

Ce que nous apprend tout d'abord la tradition contemplative, c'est que non seulement le moi n'existe pas, mais que seul existe l'Un, l'Être suprême, l'Absolu, l'Éternel, la Présence silencieuse. Les Juifs, en condamnant Jésus parce qu'il s'était déclaré un avec l'Éternel, ont confondu le petit moi avec la dimension éternelle de l'être humain, ce qui reste une fois que le moi est disparu. Ils ont cru, comme l'immense majorité des humains avant eux et depuis, que le moi existe complètement séparé de la Source. Croire que l'humain serait l'Éternel était proprement impensable : c'était un sacrilège, la plus grande des fautes possibles. Les Juifs ont commis l'erreur que commet la religion organisée lorsqu'elle sépare l'Absolu de tout le reste et maintient, par le fait même, le moi individuel comme garant de cette séparation. C'est ce petit moi qui crée la religion dualiste, maintenant un abîme infranchissable entre l'organisme et l'Absolu. Mais Jésus a confronté les Juifs en leur demandant : «Pourquoi voulez-vous me lapider?» À quoi les Juifs répondirent : «C'est parce que, étant simplement un homme, tu te fais Dieu.» Et la réplique de Jésus fut vive et radicale : «Mais vos Écritures elles-mêmes le disent : "Vous êtes des dieux et vous tous vous êtes fils du Très-Haut". Jésus donnait là l'essentiel de son message : c'est toute l'humanité qui est divine (l'humanité est «fils de Dieu», expression araméenne pour «divin») et il n'est pas de distinction entre Dieu et Homme ou, comme Jésus lui-même disait, entre Père et Fils : le Principe et sa manifestation. (Mais il est tellement plus confortable de retourner ou de demeurer dans la croyance qu'il y a Dieu en haut et nous en bas. Il est difficile d'accepter que tout est Un, car alors il n'y pas de place pour un moi distinct.)

> Malgré les préjugés religieux, il y a des gens qui, même à l'intérieur des confessions, ont vécu l'inverse de ce que les religions organisées ont enseigné comme un dogme. Il n'est par ailleurs pas du tout étonnant que certains humains aient suivi la Voie de la contemplation en dehors de toute religion. Ils ont vécu sous la guidance directe de l'Esprit. Ces êtres spirituellement achevés, ces «ressuscités avant la mort» ou comme les appelle le vedanta de l'Inde, ces «libérés vivants», et le bouddhisme ces «éveillés» (bouddhas), émergent de la foule comme des phares surplombant la mer : ce sont des lumières, des guides, des témoins et des rappels constants de la dimension **verticale** de l'humanité, dimension qui existe éternellement, c'est-à-dire dans un Présent toujours actuel, toujours accessible, toujours vivant. Dressés verticalement au milieu du déroulement horizontal qui emporte toutes choses, ils sont d'un même esprit, d'un même souffle, malgré le temps et l'espace. Ils sont l'humanité guérie et unifiée, l'humanité rentrée dans l'Un, dans le Silence de l'unité.

Le regard des contemplatifs

La contemplation est l'unité avec la Source (le Sans-Forme) et l'unisson avec toutes choses (les formes). C'est la Connaissance-sans-objet où le sujet est connaissance. Rien n'est connu, personne ne connaît. Il n'y a que Connaissance pure et pleine.

Les contemplatifs dont je citerai les textes sont les suivants :

- **Abhinavgupta,** tantriste kashmirien de l'Inde (Xe siècle), extraits tirés de *Les Voies de la mystique : Hermès I* (Les Deux Océans, 1993).
- **Houang-Po,** bouddhiste chinois de la tradition Ch'an (devenue au Japon, le zen), textes tirés de *Les entretiens de Houang-Po* (Les Deux Océans, 1985).

- **Ibn Arabi,** soufi du XIIIe siècle, textes tirés de Megerovitch, *Anthologie du soufisme* et *Le Dévoilement des effets du voyage.*
- **Balyani,** soufi du XIVe siècle, textes tirés de *L'épître sur l'unicité absolue* (Les Deux Océans, 1982).
- **Al-Karîm Al-Jili,** soufi (XIVe-XVe), texte tiré de *Hermès : Les voies de la mystique,* (Les Deux Océans, 1993, pp. 58 et ss.).
- **Maître Eckhart,** mystique chrétien rhénan du XIVe siècle, textes tirés des *Sermons I et II* et *Traités* (Seuil).
- **Madame Guyon,** mystique chrétienne française du XVIIe siècle, textes tirés de sa *Vie* (Dervy-Livres).
- **Abd el-Kader,** émir et mystique soufi du XIXe siècle, de l'école d'Ibn Arabi, textes tirés de *Écrits spirituels* (Seuil 1982).
- **Ramana Maharshi,** vedantiste non dualiste (advaïta) du XXe siècle, textes tirés de *Maha Yoga.*
- **Sri Nisargadatta,** vedantiste non dualiste (advaïta) du XXe siècle, textes tirés de *Je suis* (Les Deux Océans).
- **Roger Godel,** médecin français du XXe siècle, textes tirés de *Dialogues sur l'expérience libératrice* (Les Belles-Lettres, 1956).
- **Krishna Menon (Sri Atmananda),** vedantiste du XXe siècle, textes tirés de *Atmananda, Tattira et Sambhita* (Advaïta Publishers, 1991).
- **Jean Klein,** tantriste cachemirien d'aujourd'hui, textes tirés de *Transmission of the Flame.*
- **Éric Baret,** tantriste cachemirien d'aujourd'hui, textes tirés de *Les crocodiles ne pensent pas* (de Mortagne, 1995) et *L'eau ne coule pas* (Le Relié, 1995).

Les textes sont groupés par thèmes, dans l'ordre suivant :

1. Illusion du moi
2. Connaissance de ce que l'on n'est pas
3. Un seul existe

4. Éternel Présent
5. Non-savoir et Silence
6. Amour et Bonheur
7. La communion avec l'environnement

1. ILLUSION DU MOI

Les maîtres les plus divers ont reconnu que c'est en connaissant ce qui n'existe pas – le moi – que l'on connaît ce qui existe réellement.

Jean Klein : Lorsque vous vous prenez pour quelqu'un, c'est avec votre personnalité que vous entrez en contact avec l'environnement; vous vivez dans un rêve, dans une illusion. (p. 55) Lorsqu'on comprend complètement que l'entité personnelle est une illusion, il y a éveil parce qu'il n'y a personne d'éveillé. (p. 44)

Nisargadatta : Cessez d'imaginer que vous êtes né, que vous avez des parents, que vous êtes un corps et allez mourir. Essayez, commencez toujours, ce n'est pas aussi difficile que vous le pensez.

Quand vous prenez conscience que la personne n'est qu'une ombre de la réalité et non la réalité elle-même, vous cessez de vous agiter et de vous inquiéter.

Ramana : Le corps par lui-même est inerte, il ne dit pas «moi».

Madame Guyon : C'est être dans le mensonge que de s'attribuer la moindre chose : c'est être dans le mensonge que de croire pouvoir quelque chose, que d'espérer quelque chose de soi ou pour soi, de croire posséder quelque chose. (*Revue Hermès I : Les Voies de la mystique,* éd. des Deux Océans)

Cette âme n'est plus, n'agit plus, mais Dieu agit et elle est l'instrument.(*ibid*)

Maître Eckhart : Celui-là seul est pauvre qui ne sait rien, ne veut rien et ne désire rien. (52e sermon)

«Ego», le mot «je» n'appartient en propre à personne, sinon à Dieu seul... (28e)

Si tu veux vivre... tu dois être mort à toutes choses et être devenu néant. (39e)

L'homme ne s'appartient pas, il appartient à Dieu. (30e)

Il doit être détruit et totalement mort, n'être rien en lui-même... alors il est vraiment semblable à Dieu. (29e)

Mon œuvre n'est pas mon œuvre, ma vie n'est pas ma vie. (25e)

Aucune créature n'opère, Dieu est seul à opérer. (31e)

Balyani : Le fruit de la connaissance de soi, c'est de savoir de connaissance certaine... que tu n'es pas, que tu n'as jamais été, que tu ne seras jamais. (p. 63)

«Connais-toi toi-même»... veut dire sache que tu n'es pas «toi» alors que tu l'ignorais. (p. 65)

... N'étant point connaisseur de ton soi, tu ignorais que tu es Lui sans qu'il y ait un «toi». (p. 67)

Il se voit comme ayant toujours été dépourvu d'être propre et non comme l'ayant eu, puis perdu. Il n'y a de soi que le Soi, il n'y d'être que Son être. (p. 58)

Houang-Po : Le corps est fait des quatre éléments, lesquels n'ont pas de «moi»... Les adeptes savent ainsi que le corps n'a ni moi ni maître. (p.27)

Quand on sait avec certitude que rien n'a, au fond, d'existence, qu'on ne peut rien trouver et qu'on n'a alors rien sur quoi s'appuyer, se fixer... plus aucune pensée erronée ne s'agite et l'on atteste l'Éveil. (p. 26)

Nisargadatta : L'idée de «mon corps» comme différent des autres corps, n'y est pas... L'esprit s'occupe du corps comme il faut, je n'ai pas à intervenir. Ce qui doit être fait est fait, de façon naturelle.

Abd el-Kader : ... Dieu est le seul Agent de tout ce qui procède de Ses créatures sans aucune exception. (*Écrits spirituels,* Seuil, 1982, p. 55)

2. CONNAISSANCE DE CE QUE L'ON N'EST PAS

Mais on ne peut connaître CELA directement. Ce ne peut jamais être connu comme un objet, devant nous et distinct de soi. Ce que l'on connaît comme objets, ce sont des choses, des formes, des concepts, qui ne sont pas nous et que nous pouvons observer : le corps, les sensations, les émotions, les pensées, le monde extérieur. On ne peut donc connaître que ce que l'on n'est pas, jamais ce que l'on est vraiment. On ne peut que l'être.

Jean Klein : Ce que vous êtes fondamentalement ne peut être objectivé. (p.15)

Vous ne pouvez jamais connaître votre présence, vous ne pouvez qu'être cette présence. (p. 24)

Dieu n'est là que lorsque vous n'y êtes pas. (p. 140)

Ce que nous cherchons, c'est le chercheur. (p. 115)

Ramana : On nous dit ce qu'on n'est pas afin que, éliminant toutes ces choses, on trouve ce qui reste, le vrai Soi. On ne peut connaître le Soi comme un objet.

Nisargadatta : Pour connaître qui vous êtes, vous devez tout d'abord faire des recherches pour connaître ce que vous n'êtes pas...

C'est assez de savoir ce que vous n'êtes pas. Vous n'avez pas besoin de savoir ce que vous êtes. Car aussi longtemps que connaître veut dire décrire en fonction de ce qui est déjà connu, il ne peut y avoir de connaissance de soi parce que ce que vous êtes ne peut être décrit, sinon comme pure négation... Ce que vous pouvez indiquer comme «ceci» ou «cela» ne peut être vous. (7 mai 1970)

Al-Karim Al-Jili : Sache que tu es à l'égard de toi-même dans un état d'obscurité... Tu es une essence cachée dans une obscurité...

Houang-Po : Il n'y a en fait aucune réalité à trouver et cela porte le nom d'Éveil suprême. (*Soutra du Diamant*)

L'éveil n'est pas quelque chose que l'on trouve. (p. 79)

Ce qu'on cherche, on le perd en cherchant... (p. 111)

Balyani : Tu es toi-même le but de ta quête. (p. 55)

3. UN SEUL EXISTE

Le fait que le moi est reconnu pour ce qu'il est – une fabrication mentale – libère en nous la Conscience éternelle qui, seule, existe.

Ibn Arabi : Personne ne Le saisit, sauf Lui-même. Personne ne Le connaît sauf Lui-même... Il se connaît par Lui-même... Autre-que-Lui ne peut Le saisir. Son impénétrable voile est Sa propre unicité. Autre-que-Lui ne Le dissimule pas. Son voile est Son existence même... Autre-que-Lui n'a pas d'existence et ne peut donc s'anéantir.

... Enfin, sache que «Celui qui voit» et «Ce qui est vu», que «Celui qui fait exister» et «Ce qui existe», que «Celui qui connaît» et «Ce qui est connu», que «Celui qui crée» et «Ce qui est créé», que «Celui qui atteint par la compréhension» et «Ce qui est compris» sont tous Le même. (*Traité de l'Unité*)

Houang-Po : Voici donc notre primordialement pur esprit : il n'est pas de différence entre les êtres vivants et les Bouddhas, les montagnes et les fleuves du monde, ce qui a forme et ce qui n'en a pas et la totalité de l'univers, de tous les espaces y forme une parfaite égalité, sans les caractères particuliers du «soi-même» et de «l'autre». (24)

Nisargadatta : Établissez-vous fermement dans la conscience du «Je suis». Voilà le commencement et aussi la fin de toute recherche.

Ramana : Le monde est illusoire;

Brahman (l'Esprit universel) seul est réel;

Brahman est le monde.

L'Être est le Soi. «Je suis» est le nom de Dieu; Dieu n'est autre que le Soi.

Dans cet état, il n'y a que l'Être seul. Il n'y a pas de toi, de moi, de lui; pas de présent, de passé, de futur. C'est au-delà de l'espace et du temps, au-delà de l'expression. C'est toujours là.

Eckhart : Tout ce qui est est Dieu. (21e sermon)

Dieu et moi sommes un. (6e)

Toutes créatures sont un seul être. (8e)

L'œil dans lequel je vois Dieu est l'œil même dans lequel Dieu me voit; mon œil et l'œil de Dieu ne sont qu'un seul, et une vision, et une connaissance, et un amour. (12e)

Balyani : L'œil du fidèle est en réalité l'œil d'Allah, son regard est le regard d'Allah. (p. 73)

Ces paroles s'adressent à qui ne voit rien en dehors d'Allah. Celui qui voit quelque chose en dehors d'Allah, nous n'avons rien à lui répondre et rien à lui demander. Celui-là ne voit que ce qu'il voit. Celui qui se connaît lui-même ne voit rien d'autre qu'Allah... même si nous l'expliquions davantage, celui qui ne voit pas ne verra toujours pas. (p. 78)

4. ÉTERNEL PRÉSENT

La verticalité de l'expérience libératrice situe l'être en dehors du temps. Certes, l'organisme demeure dans le temps/espace, mais la Conscience éternelle à l'arrière-plan de l'organisme est hors du temps. Comme le disait le poète, l'éternité fait un avec le temps. Tout est cet UN rayonnant à travers la beauté multiple des formes.

Maître Eckhart : ... L'instant où le dernier homme finira et l'instant où je parle sont égaux en Dieu et ne sont rien qu'un seul instant. (2e sermon)

Toutes choses sont là présentes. Ce qui a eu lieu au premier jour, ce qui aura lieu au dernier est là présent. (3e)

Pour Dieu rien ne meurt, toutes choses vivent en lui. (8e)

... Dans l'éternité, toutes choses sont présentes. (5e)

... Dans l'éternité il n'y a ni hier, ni demain, seulement un seul instant présent... (11e)

... Je suis ce que j'étais, ce que je demeurerai, maintenant et pour toujours. (52e)

... Si je prends «maintenant», il contient en soi tout le temps. Le «maintenant» où Dieu créa le monde est aussi proche de ce temps que le «maintenant» pendant lequel je parle actuellement et le dernier jour est aussi proche de ce «maintenant» que le jour qui fut hier. (9e)

Balyani : Tu es aussi dépourvu d'existence maintenant que tu l'étais avant la création, car ce «maintenant» est le Sans-commencement, le Sans-fin, l'Éternité. (p. 52)

Houang-Po : Rien au fond ne naît et, maintenant, rien non plus ne s'éteint. Débarrassé de ces croyances dualistes, on n'éprouve plus de dégoût ni d'attrait pour quoi que ce soit. (p. 33)

5. NON-SAVOIR ET SILENCE

La révélation ne se fait que dans l'absence de soi-même, de ses connaissances, prétentions et efforts. Elle est non-savoir, silence, ouverture.

Abhinavagupta : Le domaine du Cœur (celui de *paramashiva* qui renferme tout en lui-même) est spontanément réalisé par l'homme sur lequel tombe la grâce du Seigneur, l'effort personnel ne jouant ici aucun rôle. (cité dans Baret, *L'eau ne coule pas,* p. 19)

Jean Klein : Votre vraie nature, c'est l'écoute...Votre vraie nature est dans un état de «je ne sais pas». (p. 160)

Votre vraie nature, c'est l'attention ouverte. (p. 184)

C'est le silence. (p. 242)

Nisargadatta : La réalité... ne peut être entendue et vue que dans le silence et l'obscurité.

Je ne peux décrire l'état suprême que par la négation : non causé, indépendant, non relié, indivis, non composé, inébranlable, irrépressible, impossible à atteindre par l'effort...

Ibn Arabi : Mon être entier devient regard; mon être entier devient ouïe. (*Le dévoilement des effets du voyage*)

Maître Eckhart : Dieu est plus intensément en lui-même lorsque l'âme... est conduite au désert où elle ne sait rien d'elle-même. (6e sermon)

Là où prennent fin la connaissance et le désir, ce sont les ténèbres et là brille Dieu. (42e)

Celui qui veut entendre la parole du Père – où règne un grand silence – doit être très silencieux et détaché de toutes images et même de toutes formes. (42e)

... Pour posséder la vraie pauvreté, l'homme doit se dépouiller de sa volonté personnelle, fabriquée, pour devenir tel qu'il était lorsqu'il n'était pas né... (52e)

Houang-Po : Puisque ces... sphères psychosensorielles sont vides, tout est vide et seul existe l'esprit fondamental dont la pureté rejaillit à jamais. (p. 27)

Pour la plupart, les gens du commun n'osent pas vider leur esprit. Ils ont peur de tomber dans le vide parce qu'ils ne savent pas qu'au fond leur esprit est déjà vide. (p. 37)

Notre essence est ouverte comme l'espace. C'est tout. (p. 39)

Le Bouddha déclare que dans l'éveil il n'a rien trouvé. La seule chose qui compte, c'est la silencieuse coïncidence. (p. 34)

La véritable audition n'a pas d'oreille. Alors, qui entend? (p. 90)

Éric Baret : Se rendre compte qu'il n'y a rien à faire pour être libre, seulement prendre conscience de ses propres restrictions... Il n'y a pas progression, mais éclaircissement. (*L'eau ne coule pas,* p. 21)

Il faut apprendre à écouter sans rien savoir. (p. 33)[1]

---

1. La Connaissance contemplative n'a pas d'objet. C'est un connaître sans objet, sans «un autre» qui lui fait face ou s'en distingue. Une telle Conscience-sans-objet n'est pas reconnue par la conscience ordinaire, et ne l'est guère davantage par la philosophie rationnelle. En effet, selon Sartre, «Il entre dans la nature même de la conscience d'être intentionnelle et une conscience qui cesserait d'être conscience de quelque chose cesserait par là même d'exister.» Sans peut-être le savoir, Sartre décrit ici la disparition du moi. Et pourtant, il ne semblait pas reconnaître une autre conscience (Pascal dirait un autre «ordre») pas plus du reste que les habitants de Flatland, qui, vivant dans un espace à deux dimensions, ne pouvaient admettre l'existence d'un espace à trois ni, par conséquent, le connaître. (Abbott, *Flatland*)

Roger Godel : Il existe au plus intime de l'être, un état de pure vigilance, sa nature est indescriptible parce qu'elle récuse le témoignage des sens et de la raison. La pensée la plus subtile se résorbe dans cet axe de toutes références. C'est pourquoi il y règne un silence absolu. On peut seulement faire allusion à cela par figures et symboles ou en termes négatifs.

6. AMOUR ET BONHEUR

Aussi, le vrai bonheur, l'amour véritable ne sont-ils pas connaissables comme des choses à atteindre ou à posséder. L'être humain transformé par l'ouverture du cœur, l'absence de tout désir et de toute appropriation, se découvre Joie, Paix, Bonheur, Amour. Mais il n'y a personne qui aime, personne qui est joyeux, paisible ou heureux. Et personne qui découvre.

Ramana : Absence de moi, Amour, Esprit sont tous des noms d'une même chose, le Soi.

Maître Eckhart : L'amour en ce qu'il a de plus pur, de plus détaché, n'est en lui-même rien d'autre que Dieu. (27e sermon)

Krishna Menon : Vous ne pouvez jamais être heureux; vous ne pouvez qu'être le bonheur. Connaître de tout votre être, c'est l'amour même. Dans la pensée... vous ne vous perdez pas, mais dans l'amour vous vous perdez. L'amour entraîne le sacrifice du moi. Pur amour, amour sans objet.

Jean Klein : L'amour est au-delà de la personne. (p. 240)

Éric Baret : L'amour, c'est une profonde évidence de la non-différence... L'amour, c'est la non-séparation...

Il n'y a personne qui peut aimer et il n'y a rien à aimer. Il y a simplement cette ouverture, cet amour. (*Les crocodiles ne pensent pas*, p. 60)

7. LA COMMUNION AVEC L'ENVIRONNEMENT

Mais cette sagesse si noble et si universelle peut-elle aider à vivre dans le monde, dans les conflits continuels, à résoudre les problèmes quotidiens, à changer le monde ou à l'améliorer? Y a-t-il un rapport, un lien, entre l'être éveillé et le monde, l'environnement, les choses?

Nisargadatta : L'être libéré... est en union avec tout ce qui vit.

Comment pourrais-je devenir (complètement irresponsable)? Comment pourrais-je faire mal à ce qui est un avec moi? Au contraire, sans penser au monde, tout ce que je fais lui sera bienfaisant. Tout comme le corps se règle inconsciemment, de même je suis toujours en train de rectifier le monde...

... Toutes les souffrances du monde sont faites par l'homme et c'est donné à l'homme de pouvoir y mettre fin. Dieu aide en mettant devant l'homme les résultats de ses actions et en demandant que l'équilibre soit restauré. (30 mai 1970)

Pourquoi se soucier du monde avant de prendre soin de soi-même? Vous voulez sauver le monde, n'est-ce pas? Pouvez-vous le sauver avant de vous sauver? Et que veut dire être sauvé? Sauvé de quoi? De l'illusion. Le salut, c'est voir les choses telles qu'elles sont. (*Je suis*)

Le monde a eu tout le temps pour s'améliorer et il ne l'a pas fait... Les sociétés sont comme les gens — elles sont nées, grandissent vers un point quelconque de perfection relative et ensuite déclinent et meurent.

Houang-Po : ... Il n'est pas de différence entre les êtres vivants, les Bouddhas, les montagnes et les fleurs du monde...

Ramana : Plus quelqu'un s'abandonne, meilleur devient son environnement...

La meilleure façon de servir le monde, c'est d'atteindre l'État-sans-ego.

Jean Klein : Votre personnalité appartient au monde. Vous ne pouvez jamais changer le monde par le monde. (p. 146)

Éric Baret : La vraie joie ne vient pas vraiment de ce qui est vu, entendu, mais de notre réceptivité avec notre environnement. La lune que l'on contemple, les sons qui se propagent en nous ne sont là que pour pointer vers cela. (*L'eau ne coule pas,* p. 75)

LE MOT DU COMMENCEMENT : JE N'AI DROIT À RIEN

«On n'a droit qu'à la Conscience.»

(Éric Baret, en conversation)

Clameur des droits/Silence des devoirs

CLAMEUR DES DROITS. Les droits sont réclamés dans le bruit et l'agitation. Le moi ne peut tolérer le silence, il ne peut rencontrer son ombre, sa terreur, sa nuit. Ne pouvant supporter ses démons intimes, il se réfugie dans la fuite : il fuit dans le bruit, la consommation, les drogues, les religions décrochées, les jeux vidéo, la télévision, le travail excessif, les romans, la loterie, le casino, la sexualité tous azimuts, le rêve. Mais comme rien ne le libère ni ne le satisfait vraiment ni totalement, il est toujours négatif. Ne pouvant apprécier ce qu'il a, ce que la vie lui donne, il est incapable de gratitude.

SILENCE DES DEVOIRS. En revanche, les DEVOIRS sont silencieux; ils naissent du Silence, de cet Espace ouvert qui est l'absence de moi. Ce silence permet d'être présent à tout, de n'attendre rien, de ne rien rejeter, d'être un avec l'environnement et tout ce qui se présente. Spontanément et comme allant de soi, la Présence silencieuse fait ce qu'il faut pour les êtres, en eux et à travers eux, les ramenant doucement, mais sûrement vers leur totalité, leur liberté, leur Joie, leur Amour, vers cette Lumière qui préside à leur naissance qui est antérieure à leur passage terrestre.

Le sens du devoir est contenu dans la générosité de l'être, dans la gratitude, dans le don de soi. Cette ouverture a lieu dans l'absence (le silence) des désirs et des attentes. Ce n'est pas le produit de la volonté, d'une campagne morale, d'un désir d'améliorer le monde ou de hâter l'avènement de la paix. Le mot responsabilité implique une dualité, puisqu'il s'agit de répondre à quelque chose, à quelqu'un. Mais, dès l'éveil de la Conscience-sans-moi, comme il n'y a plus de dualité, la responsabilité fait alors place à l'unisson avec la vie. Comme si l'environnement n'était plus en dehors, mais désormais en dedans de la Conscience.

«On est responsable de sa rose», disait le Petit Prince. Mais cela n'est vrai que si on se voit séparé d'elle, s'il y a moi-et-un-objet. S'il y a un moi justement. Or, dans l'unité de la Présence éternelle, tout est inclus, tout est rassemblé dans cette sollicitude omniprésente. On est la Rose. On est redevenu le Visage unique derrière les divers visages de Soi, les paysages variés d'une même Terre où les divisions du tien et du mien sont résorbées dans un tissu d'une seule venue : le courant de la Vie. Tout est contenu dans la Source comme les pétales sont contenus dans la Rose, tout en répandant celle-ci, en l'épanouissant, en rayonnant son parfum.

Il est curieux que parmi tous les droits réclamés à grands cris par la société moderne, on ne mentionne jamais le droit à la Conscience libérée, à l'Éveil, à la Connnaissance-sans-référence, à la Joie pure : sans objet et sans cause.

Or, le seul droit que nous ayons est justement le droit à l'Éveil, à la Conscience éveillée. Mais ce n'est pas un droit comme ceux que peut octroyer la loi ou la société, ce n'est pas non plus un droit que l'on acquiert. En ce sens, ce n'est pas du tout un droit. C'est un donné. Le Don absolu, la grâce parfaite. Il n'y a rien à acquérir, rien à obtenir, tout est là du début à la fin, tout est grâce avant, pendant et après.

Le «droit» à l'Éveil est l'héritage essentiel et radical de chaque humain. Il est essentiel et radical justement parce que l'Éveil est la nature même de l'humain, c'est l'humain dans sa vérité éternelle. **C'est ce que l'on est vraiment, en amont de ce qu'on a cru être, ce que l'on est de la racine à la cime.** Il n'y a que l'Un qui existe, cet Un «en qui nous avons la vie, la mouvement et l'être». L'Un, c'est l'Humanité et l'Humanité entière est cet Un. Non pas une agglomération de personnes, puisque celles-ci n'existent pas, mais l'humanité dans son essence-racine, l'humanité de la Présence silencieuse.

L'être humain, une fois éclairé par l'éveil du cœur, ne réclame plus rien, ne demande plus rien, ne refuse plus rien. Il a dépassé les droits et devoirs, guidé qu'il est par «cette lumière qui brille dans son cœur». (Jean-de-la-Croix)

On n'a droit à rien, puisque Tout est déjà donné et inclus comme l'arbre dans la semence.

La Vie est un courant dont on ne peut connaître la Source séparément du courant. Elle se connaît en elle-même par l'accueil total, l'ouverture parfaite et continuelle. La Vie est gratuité absolue, sans prises ni appropriation, don pur et intarissable, amour où il n'est personne qui aime, lumière où il n'est personne qui éclaire, musique où il n'est personne qui joue.

C'est à travers la vie que l'on Se connaît. Il n'est pas d'autre moyen donné à l'Homme. Et comme il n'a aucun droit à la vie ni sur la vie et que la vie ici-bas contient tout, par conséquent, l'être vraiment humain n'a droit à rien.

La spiritualité consiste simplement à comprendre que vous n'avez besoin de rien, que vous faites partie de la totalité, de la réalité. Lorsque vous saisissez cela, vous n'avez plus aucun besoin. Mais aussi longtemps que vous êtes séparé des choses, vous avez besoin de tout. Exister comme un individu séparé, voilà ce qui constitue le problème dans son entier.
(Nisargadatta, *The Ultimate Medecine,* p. 2, ma traduction)

APPENDICE 1

Scientifiques spirituellement éveillés

Bien que la science n'ait pas d'autre but que d'étudier les phénomènes et d'en tirer des constantes ou des lois, le savant en tant qu'être humain est parfois touché par des questionnements qui ne relèvent pas de son étude scientifique, mais de son destin comme pèlerin cherchant un sens à la vie dans sa totalité. Tels sont parmi les savants de ce siècle Roger Godel, Albert Einstein, David Bohm, Niels Bohr, Arnold Schroedinger, James Jeans, Arthur Eddington, Wolfgang Pauli, John Wheeler, Brian Josephson, Gregory Bateson (qui disait que «la science est une fiction de la même nature que l'ego»). Je présente donc trois témoignages de savants qui ont dépassé l'obsession du moi et qui ont reconnu la toile de fond de cette Présence insaisissable, la seule Réalité qui contient tous les phénomènes manifestes.

Il y a tout d'abord David Bohm pour qui il y a un autre espace dans l'esprit ou derrière celui-ci, un quelque chose qui permet de se libérer du piège de la pensée. C'est un plan élevé, pur et libre qui n'a en réalité rien à voir avec le monde de la pensée tel que connu dans la vie phénoménale et physique. «Nous arrivons à un esprit de plus en plus subtil, plus sensible, plus raffiné, plus délicat, plus indéfinissable et d'un mouvement plus libre... Un tel esprit bouge dans la profondeur du silence où il n'y a ni parole ni image... Les pensées peuvent être conçues comme des vagues sur un fond d'océan silencieux... Le silence, c'est l'être ultime, l'être véritable où toutes paroles et images sont maintenues dans une totalité englobante... Cela est la source de la Lumière de l'Intelligence... Cette lumière est nécessaire pour voir la pensée dans sa justesse. C'est elle qui fait *voir*. Si elle n'y est pas, la pensée demeure un paquet d'ombres prises pour des réalités»; renvoyant ici au mythe de la caverne de Platon. (*Changing Consciousness*)

Quant à Schroedinger, il affirme que la conscience est une : «L'esprit est, de par sa nature même, un *singulare tantum* (seulement un). Le nombre total d'esprits est un, pas plus... L'esprit est indestructible, puisqu'il a un horaire qui lui est particulier, en ce que l'esprit est toujours maintenant. Il n'y a vraiment pas d'avant et d'après pour l'esprit... Il n'y a qu'une seule chose et ce qui semble une pluralité n'est qu'une série de différents aspects de cette chose, produite par une déception... La pluralité que nous percevons n'est qu'une apparence, elle n'est pas réelle... Vous n'êtes pas une partie dans un tout, vous êtes tout en tout.»

Enfin, d'Einstein, un mot célèbre qui en dit beaucoup : «La vraie valeur d'un homme se détermine en examinant dans quelle mesure et dans quel sens il est parvenu à se libérer du Moi.» (Pour d'autres témoignages, voir *La grande rencontre,* de Mortagne, 1987)

APPENDICE 2

Prédictions de l'Inde ancienne

Les textes suivants sont tirés du livre d'Alain Daniélou, *Le destin du monde d'après la tradition shivaïte* (Albin Michel, 1992) où l'auteur, qui est un grand spécialiste de l'Inde ancienne, présente la vision telle qu'elle figure dans les *Purana* (qui veut dire ancien : environ 3 500 ans) de la religion protohistorique de l'Inde. Nous verrons que les prédictions faites, il y a des milliers d'années, sont impressionnantes et s'appliquent à l'âge actuel avec une justesse troublante.

«Selon les calculs des *Purana,* la durée de l'univers est de 34 milliards et 560 millions d'années. Le Maha Yuga ou Grande Année dure 4 320 000 ans. D'après les données modernes (Reeves), l'âge de l'univers est de 15 milliards d'années, l'âge de la terre est de 4,5 milliards. L'univers serait donc encore jeune et n'aurait parcouru que la moitié de son existence. Son expansion devrait durer encore 2 milliards d'années avant que ne commence sa période de rétraction.

«... Pour la cosmologie hindoue, nous nous trouvons au tiers de l'expansion de l'univers. Cette vitesse devrait graduellement tendre vers zéro, puis s'inverser quand l'univers sera résorbé.

«... Total des 4 Yuga : 60 487 années humaines. Aube du Kali Yuga (âge du conflit) : 3606 avant notre ère; fin du crépuscule du Kali Yuga : 2442 de notre ère. Le crépuscule du Kali Yuga aurait donc commencé en 1939, au mois de mai. La catastrophe finale aura lieu durant ce crépuscule. Les derniers vestiges de l'humanité actuelle auront disparu en 2442. Les chiffres, comme nous l'avons vu, sont donnés avec une approximation de 50 ans. Partant de ces dates et remontant en arrière, nous trouvons que la première humanité avait débuté en 419 964 avant notre ère, la deuxième en 359 477, la troisième en 298 990, la quatrième en 238 503, la cinquième en 178 016, la sixième en 118 529, la septième en 58 042 avant notre ère.

«... Manu (le Noé de la Bible), survivant d'une humanité précédente, fut sauvé par Vishnu qui, sous la forme d'un poisson, tira l'arche jusqu'à la terre ferme. Les descendants des compagnons de Manu, mêlés à des espèces nouvelles encore au stade semi-animal forment l'humanité présente (comme nous le voyons dans la Bible). Cette arche, selon les *Purana,* aurait été un vaisseau spatial dans lequel s'étaient réfugiés quelques survivants de l'humanité précédente. Ce sont eux qui auraient donné naissance à une humanité nouvelle et à son âge d'or.

«... Selon la théorie des cycles qui règlent l'évolution du monde, nous approchons aujourd'hui de la fin du Kali Yuga, l'âge des conflits, des guerres, des génocides, des malversations, des systèmes philosophiques et sociaux aberrants, du développement maléfique du savoir qui tombe dans des mains irresponsables. ... Tout tend à se niveler et le nivellement, dans tous les domaines, est le prélude de la mort. À la fin du Kali Yuga, ce processus s'accélère. Le phénomène de l'accélération est l'un des signes de la catastrophe approchante. Les *Purana* décrivent les signes qui caractérisent la dernière période :

- "... Ce sont les plus bas instincts qui stimulent les hommes du Kali Yuga.
- Ils choisissent de préférence les idées fausses.

- La négligence, la maladie, la faim, la peur se répandent.
- Il y aura de graves sécheresses.
- Les différentes régions des pays s'opposent les unes aux autres.
- Les hommes seront sans morale, irritables et sectaires.
- De fausses doctrines et des écrits trompeurs se répandent.
- On tuera les fœtus dans le ventre de leur mère...
- Des voleurs deviendront des rois, les rois seront des voleurs...
- Les dirigeants confisqueront la propriété et en feront un mauvais usage.
- Ils cesseront de protéger le peuple...
- Des savants seront au service d'hommes médiocres, vaniteux et haineux...
- Il y aura beaucoup de personnes déplacées d'un pays à un autre...
- De la nourriture déjà cuite sera mise en vente...
- Le dieu des nuages sera incohérent dans la distribution des pluies...
- Il y aura beaucoup de mendiants et de sans-travail.
- Tout le monde emploiera des mots durs et grossiers.
- On ne pourra se fier à personne.
- Les gens seront envieux.
- Nul ne voudra retourner un service rendu.
- La dégradation des vertus et la censure des puritains hypocrites et moralisateurs caractérisent cette période...
- Des groupes de bandits s'organiseront dans les villes et les campagnes...
- L'eau manquera...
- Les viols seront fréquents...
- Les gens deviendront inactifs, léthargiques et sans but...
- Des gens affligés par la faim et la peur se réfugieront dans les «abris souterrains»...
- Les hommes ne chercheront qu'à gagner de l'argent, les plus riches détiendront le pouvoir...

- Beaucoup seront vêtus de haillons, sans travail, dormant par terre, vivant comme des miséreux...
- Les gens croiront en des théories illusoires.
- Il n'y aura plus de morale...
- Beaucoup se suicideront...
- Les gens s'entre-tueront furieusement...
- Ils auront faim, seront malades et connaîtront le désespoir. C'est alors que quelques-uns commenceront à réfléchir."

«La destruction commencera par une explosion sous-marine appelée Vadava, la cavale, qui aura lieu dans l'océan du sud. Elle sera précédée d'une sécheresse de 100 ans durant laquelle les êtres qui ne sont pas robustes périront. Sept explosions de lumière assécheront toutes les eaux... Le dieu destructeur soufflera d'énormes nuages qui feront un bruit terrible. Une masse de nuages chargés d'énergie, destructeurs-de-tout apparaîtront dans le ciel comme un troupeau d'éléphants... Ces nuages gigantesques, faisant un bruit terrible, obscurciront le ciel et inonderont la terre d'une pluie de poussière qui éteindra le feu terrible. Puis, par un interminable déluge, ils noieront d'eau le monde entier. ... Lorsque la dissolution du monde paraîtra imminente, certains hommes abandonnent la Terre durant les derniers jours du Kalpa et se réfugient dans le monde extra-planétaire et de là retourneront dans le monde de la vie. Ces quelques humains qui survivent à l'holocauste seront les progéniteurs de l'humanité future.»

Le «feu et le bruit terrible» dont parle les *Purana* évoque «les descriptions modernes d'une guerre atomique». D'après Jonathan Scheel : «Durant les premiers instants d'une offensive... des boules de feu éblouissantes s'épanouiraient au-dessus des métropoles, des villes et des banlieues, comme autant de soleils plus aveuglants encore que l'astre lui-même; simultanément, la plupart des habitants seraient irradiés, broyés, brûlés vifs. Le rayonnement thermique soumettrait plus d'un million cent mille kilomètres carrés à une chaleur de quarante calories par centimètre carré : température à laquelle les chairs humaines sont carbonisées.» (*Le destin du monde,* pp. 15-35)

Ces prédictions ne sont pourtant pas perçues comme la punition d'un dieu irrité, mais comme un processus naturel, comme le déroulement inévitable des cycles de la nature. Cela se passera ainsi, puisque tout est impermanent et cyclique, même l'histoire des humains, et que l'on ne choisit pas sa vie ni son destin. Tout se déroule comme le veut la Vie. Tout se déroule à l'intérieur de la Conscience.

imprimerie gagné ltée